Lust auf Linsen

50 Rezepte aus aller Welt

© Shutterstock / Timolina

Petra Kolip

Lust auf Linsen

50 Rezepte aus aller Welt

avBUCH

Impressum

avBUCH im CADMOS Verlag

unveränderter Nachdruck 2022

Lektorat: Ing. Barbara P. Meister MA, FachLektor.at

Umschlag, grafisches Konzept und Satz: Gerlinde Gröll, Cadmos Verlag GmbH

Umschlag – Titelbild: ©Shutterstock/nelea33

Kern – Illustrationen und Icons: ©Shutterstock/TatianaKost94, brilliantskylight

Druck: www.graspo.com

Deutsche Nationalbibliothek – CIP-Einheitsaufnahme

Die Deutsche Nationalbibliothek verzeichnet diese Publikation in der Deutschen Nationalbibliografie; detaillierte bibliografische Daten sind im Internet über http://dnb.ddb.de abrufbar.

Printed in EU

ISBN 978-3-8404-7055-4

VORWORT

© privat

Liebe Leserinnen, liebe Leser,

Linsen haben in den letzten Jahren eine erstaunliche Karriere hingelegt. Galten sie lange Zeit als Arme-Leute-Essen, haben sie mittlerweile die Speisekarten zahlreicher Restaurants erobert und selbst in der Gourmetküche finden sie Verwendung. Kein Wunder, sind sie doch ein sehr vielfältiges Lebensmittel, aus dem sich sowohl rustikale Gerichte der Heimatküche wie auch elegante Speisen zubereiten lassen. In Bio- und Asialäden lässt sich eine bunte Vielfalt kaufen, die angesichts des Aufwands von Anbau und Ernte erstaunlich preiswert ist.

Als Kind und Jugendliche kannte ich nur den Linseneintopf, der in Westfalen deftig mit Speck und geräucherter Wurst zubereitet wurde – ein Gericht, das ich sehr geliebt habe und das für mich auch heute noch Heimatküche und „Soulfood" symbolisiert. Mittlerweile liebe ich Linsen auch als Salat, bereite sie als Dips zu oder nutze sie als Füllung für Wraps. In Kombination mit Fisch oder Fleisch bieten sie eine breite Geschmacksvielfalt und auch als vegetarische Hauptkomponente hat die Linse einiges zu bieten.

In meiner Küche experimentiere ich oft und gucke in anderen Ländern gerne in Kochtöpfe und Kochbücher. Einige Ergebnisse dieser Küchenexperimente finden Sie in diesem Buch. Ich möchte Sie animieren, den kulinarischen Reichtum dieser uralten Kulturpflanze kennenzulernen.

Ich wünsche Ihnen genussreiche Linsenerlebnisse!

Ihre

Petra Kolip

© Shutterstock / Timolina

Rezepte

INHALT

Vegetarische Gerichte sind mit gekennzeichnet!

Die bekanntesten Linsensorten und ihre Eigenschaften

Linsensorte	Farbe	Geschmack/Kocheigenschaften	Verwendung
Beluga-Linsen	tiefschwarz	• kräftiger Geschmack • formstabil	Salate
Berglinsen	hell rotbraun	• fein aromatischer Geschmak • verlieren beim Kochen an Form	• Suppen • Aufstriche • Bratlinge • Keimlinge
Castelluccio-Linsen	grünbraun	• nussartiger Geschmack • formstabil	Eintöpfe
Château-Linsen	hellbraun	• vornehm milder Geschmack • formstabil	Salate
Gelbe Linsen	gelb	• milder Geschmack • zerkochen schnell	• Suppen • Pasten • Pürees • indische Dal-Gerichte
Pardina-Linsen	grau-braun	• fein atomatische Geschmack • verlieren beim Kochen an Form	• Salate • Suppen • Keimlinge
Puy-Linsen	grün, blau gesprenkelt	• feiner Geschmack • formstabil	• Salate • Suppen
Tellerlinsen	braun	• erdiger Geschmack • kochen sämig-weich	• rustikale Suppen • Eintöpfe • Aufstriche • Aufläufe • Bratlinge
Trojalinsen	braun	• erdiger Geschmack • kochen sämig-weich	• rustikale Suppen • Eintöpfe • Aufstriche • Aufläufe • Bratlinge
Rote Linsen	hellrot/orange	• milder Geschmack • zerkochen schnell	• Suppen • Pasten • Pürees • indische Dal-Gerichte

Linsenwissen

Linsenkulturen

Die Linse ist eine der ältesten Kulturpflanzen der Welt. Wildlinsen (*Lens orientalis, Lens nigricans*) wurden vermutlich schon vor 10.000 Jahren im Mittelmeerraum, im Vorderen Orient und in Mittelasien angebaut. Seit etwa 2000 v. Chr. werden Linsen auf dem indischen Subkontinent kultiviert. Nach der spanischen Conquista fanden sie schließlich auch in Nord- und Südamerika Verbreitung. Dass Linsen als Grabbeigaben eingesetzt wurden, unterstreicht ihre Bedeutung in Ägypten und im Vorderen Orient seit rund 4000 Jahren. Bis heute wird ihnen in Ägypten die Eigenschaft zugesprochen, Gedanken und die Gemütsverfassung von Kindern aufzuhellen. Im alten Persien galt die Linse hingegen als „kaltes" Nahrungsmittel, das den Stoffwechsel verlangsamt und eine beruhigende Wirkung hat.

Selbst in der Bibel finden sich Stellen, die den symbolischen Wert der Hülsenfrüchte untermalen. Esau verkaufte demnach sein Erstgeburtsrecht an Jakob für ein Linsengericht. Adam aß nach Abels Tod Linsen, und auch zu Abrahams Totenmahl wurden Linsen aufgetischt.

In einigen Ländern haben Linsengerichte im Rahmen von Festtagen einen herausragenden Stellenwert. Im Libanon teilt der

Foto © Floramedia

Mit ihren zierlichen Ranken und Blüten wirken Linsenpflanzen sehr fragil.

Foto © Thomas Stephan

Linsen benötigen Getreide als Rankhilfe – nach der Ernte müssen die Samen getrennt werden.

Hausherr zum Ende der Fastenzeit eine Linsen-Mangold-Suppe mit seinen Gästen. Und in Italien wird zu Silvester nicht nur rote Unterwäsche getragen, sondern es werden auch Linsen verzehrt – je größer die Menge, desto erfreulicher der Geldsegen im folgenden Jahr.

APARTE SCHÖNHEIT AUF DEM FELD

Die Linse (*Lens culinaris*) ist eine hübsche, buschige Pflanze und stammt aus der Familie der Schmetterlingsblütler. Der feingliedrige Spross wird etwa 20–50 cm lang, die kleinen bläulich weißen oder blauen Blüten krönen lange Stiele. Nach der Befruchtung setzen sie je nach Art ein bis zwei, in seltenen Fällen auch drei diskusförmige Samen an, die in den Hülsen heranreifen.

Die Linse ist einjährig, in wärmeren Gebieten auch mehrjährig. Sie liebt einen kalkhaltigen, nicht allzu nährstoffreichen Boden und ein warmes, trockenes Klima. In Europa wächst die Pflanze z. B. auf vulkanischem Boden wie in der Auvergne, auf Sizilien und auf der Schwäbischen Alb. Sie ist wenig anfällig gegen Schädlinge, deshalb kommen Pestizide ebenso selten zum Einsatz wie Düngemittel.

In Asien, vor allem in Indien, werden zwei Drittel des weltweiten Bedarfs angebaut, gefolgt von Kanada, das einen Anteil von 20 Prozent der weltweiten Produktion deckt. Auch in der Türkei, in Syrien sowie in Lateinamerika wird die Hülsenfrucht gepflanzt. Während die Ernte in den USA und Kanada maschinell erfolgt, werden die einzelnen Linsen in anderen Ländern meist von Hand ge-

Foto © Thomas Stephan

Alle Linsensorten haben zarte, bläulich weiße bis blaue Blüten.

lesen. Da Linsen gemeinsam mit Getreide als Stütz- und Rankhilfe angebaut werden, muss man sie bei der Ernte vom Korn trennen. Obwohl dieser Reinigungsvorgang sehr kostspielig ist, sind Linsen bei uns äußerst preiswert. Ein halbes Kilo kostet selbst in Bioqualität selten mehr als drei bis vier Euro.

GESCHMACKSVIELFALT

Weltweit werden 80 Linsensorten angebaut, davon alleine 50 Sorten in Indien. Ihr Geschmacksspektrum reicht von erdig bis nussig. Da die Aromastoffe der Linse in ihrer Schale stecken, schmecken kleine intensiver als große. Ungeschälte grüne oder braune Linsen sind markanter im Geschmack als geschälte rote oder gelbe.

Am bekanntesten sind bei uns die braunen Tellerlinsen, die frisch geerntet eine grüne Farbe haben, sich aber alsbald hell- bis mittelbraun verfärben. Sie stellen mit sechs bis sieben Millimeter Durchmesser die größte Linsenart dar, schmecken erdig und kochen sämig und weich. Tellerlinsen eignen sich besonders gut für rustikale Suppen und Eintöpfe sowie für Aufstriche, Aufläufe und Bratlinge. Bei Linsen ohne nähere Bezeichnung handelt es sich in der Regel um eben diese Sorte. Etwas kleiner sind Trojalinsen, die im Biomarkt erhältlich sind und einen ähnlich erdigen Geschmack wie Tellerlinsen besitzen.

Die kleineren Berglinsen haben eine helle, rotbraune Farbe. Sie sind fester und aromatischer als die Teller- und Trojalinsen und feiner im Geschmack. Sie verlieren beim Kochen an Form und sind deshalb für Salate weniger gut geeignet, besser lassen sie sich für Suppen und Aufstriche sowie für Bratlinge und als Keimlinge einsetzen.

Pardina-Linsen sind etwa vier bis fünf Millimeter groß, haben eine grau-braune Schale und sind im Inneren gelb gefärbt. Sie ähneln im Geschmack den Berglinsen und eignen sich für Salate, in Suppen und als Keimlinge.

Auch in Frankreich werden Linsen angebaut. In der Champagne wachsen die kleinen zarten Château-Linsen, die nur deshalb nicht mehr Champagner-Linsen heißen dürfen, weil der Namenszusatz „Champagner" dem gleichnamigen Getränk vorbehalten ist. Sie sind von hellbrauner Farbe und entfalten einen vornehmen Geschmack. Château-Linsen bieten sich besonders gut für die Zubereitung diverser Salate an, da sie beim Kochen ihre Form beibehalten und lange bissfest bleiben.

Der Vulkanboden der Auvergne bietet hervorragende Möglichkeiten für den Linsenanbau. Die kleinen, tiefgrünen und blau gesprenkelten Linsen aus Le-Puy-en-Velay haben zu Recht den Ruf, eine aromatische Delikatesse zu sein. Sie schmecken etwas kräftiger als Château-Linsen, sind aber dennoch von feinem Geschmack und lassen sich ausgezeichnet in Salaten und Suppen, die eine feste Konsistenz behalten sollen, verarbeiten. Puy-Linsen haben wie Wein eine „Appelation d'origine controllée", was bedeutet, dass sie nur dann Puy-Linsen (Lentilles du Puy) genannt werden dürfen, wenn sie tatsächlich dort angebaut wurden.

In der Auvergne wird neben den Puy-Linsen eine weitere Spezialität kultiviert, die Lentille blonde de la Planèze de Saint-Flour. Sie wächst auf einer zwischen den Bergen Cantals und der Margeride eingeschlossenen Basalthochebene, ist gelb bis hellgrün und beige gesprenkelt. Ihre Schale ist hauchdünn, ihre Garzeit entsprechend kurz. Diese Rarität schmeckt mild-süßlich.

Beluga-Linsen sind sehr klein, tiefschwarz und erinnern an zu groß geratenen Kaviar. Beim Kochen wechseln sie ihre Farbe und werden dunkelbraun. Sie schmecken kräftig und eignen sich bestens für die Zubereitung von Salaten.

Rote und gelbe Linsen sind in der Regel geschält und zerfallen beim Kochen schnell zu Brei. Man erhält sie im Ganzen mitunter leicht geölt oder halbiert. Beim Kochvorgang färben sich auch die roten Linsen gelb und nehmen den Geschmack von Gewürzen besonders leicht an. Diese Linsenart muss nicht

Foto © Thomas Stephan

Die „Alb-Leisa" reifen in Deutschland auf der Schwäbischen Alb.

eingeweicht werden, bietet sich ideal für Suppen und Pasten an und ist ein fester Bestandteil der indischen Küche. Rote Linsen werden vorwiegend in Dal-Gerichten, gut gewürzten Pürees aus gekochten Hülsenfrüchten, die mit Reis serviert werden, eingesetzt. Rote und gelbe Linsen sind außerdem gut bekömmlich. Wer Vorbehalte in Bezug auf seine Verdauung hegt, sollte sich an einem Gericht mit roten oder gelben Linsen versuchen.

Die zuvor genannten Linsensorten werden in gut sortierten Supermärkten, in Bio- und Asialäden, in denen speziellere Sorten wie Urid- oder Harhar-Linsen erhältlich sind, geführt. Wer Raritäten sucht, sollte auf Umbrische Berglinsen setzen. In einem Naturschutzgebiet auf über 1 000 m Höhe trocknen diese winzigen, grün-braunen Exemplare mit einer hauchzarten Schale direkt am Strauch. Ihr nussartiger Geschmack macht sie zu einer wahren Delikatesse. Aus Umbrien stammen auch die Castelluccio-Linsen, die auf einer Hochebene in den Sibillinischen Bergen in 1 400 m Höhe angebaut werden. Sie lassen sich lange garen, ohne zu zerkochen. Beide Linsensorten werden gern mit Würsten aus Norcia, einer Kleinstadt in den italienischen Bergen, angerichtet. Kleine schwarze Schweine, die in Wäldern leben und mit Kastanien gefüttert werden, liefern das dazugehörige Fleisch. Auf der sizilianischen Insel Ustica werden – ebenso wie auf der Nachbarinsel Pantelleria – auf vulkanischem Boden Lenticchia di Ustica eingebracht. Sie wurden als Passagiere auf die „Arche des Geschmacks" der internationalen Slow-Food-Organisation aufgenommen.

Auch in Deutschland werden Delikatesslinsen angebaut. Vor über 20 Jahren begann die Familie Mammel, Alb-Leisa („Leisa" ist der schwäbische Ausdruck für „Linsen") auf ihrem Biohof auf der Schwäbischen Alb wieder zu kultivieren. Bis heute ist eine Erzeugergemeinschaft von insgesamt zehn Bauernhöfen, die auf rund 15 Hektar die kostbaren Hülsenfrüchte bestellt und in regionalen Bioläden verkauft, entstanden. Auch die Alb-Leisa wurden in die „Arche des Geschmacks" von Slow Food aufgenommen. In der Schweiz und in Österreich ist diese Linsenart unter dem Namen „Berglinsen" erhältlich.

INFO

Slow Food ist eine internationale Organisation, die als Vereinigung von bewussten Genießern und mündigen Konsumenten in Italien gegründet wurde. Ziel ist es, dem Fast Food-Trend eine genussreiche Ess- und Trinkkultur entgegenzusetzen. Slow Food fördert eine artgerechte Viehzucht, eine verantwortungsbewusste Landwirtschaft und das traditionelle Lebensmittelhandwerk. In die „Arche des Geschmacks" werden lokale und regionale Lebensmittel, Nutztier- und Nutzpflanzenarten aufgenommen, die mangels Nachfrage und Angebot vom Aussterben bedroht sind.
www.slowfood.de

DAS KRAFTPAKET

Linsen sind wahre Nährstoffwunder. Keine andere Pflanze enthält so viel Eiweiß wie diese Hülsenfrüchte: Sie beinhalten wenig Fett, aber je nach Sorte zwischen 20 und 24 Prozent Eiweiß von hoher biologischer Wertigkeit. In Kombination mit Getreide oder Kartoffeln, Gemüse, Reis oder Teigwaren wird dessen Bioverfügbarkeit noch erhöht. Das macht Linsen zu einem wertvollen Lebensmittel für Vegetarier.

Diese traditionelle Kulturpflanze setzt sich zu 40–45 Prozent aus Kohlenhydraten und vielen gesundheitsförderlichen Ballaststoffen zusammen. Der hohe Anteil an Eisen macht sie ebenso zu einer wichtigen Zutat eines vollwertigen Ernährungsplans wie ihr Vitamin-B-Gehalt.

Foto © Floramedia

Viele Linsensorten lassen sich gut keimen – der Vitamingehalt ist dann besonders hoch.

Leider enthalten Linsen auch Purin, das über die Niere ausgeschieden wird. Was für gesunde Menschen kein Problem darstellt, sollten Gichtkranke tunlichst meiden.

Linsen gelten zudem als schwer verdaulich. Je nach Menge und Gewohnheit sind sie umso leichter bekömmlich, je kleiner sie sind. Auch langes Einweichen und ausreichend Weichkochen reduziert das Potenzial für Blähungen. Rote und gelbe Linsen sind besser verträglich als ungeschälte grüne oder braune Linsen. Ausgewählte Kräuter und Gewürze wie z. B. Ingwer, Fenchel, Koriander, Kümmel, Majoran und Thymian unterstützen die Verdauung und verleihen Linsengerichten zudem ein köstliches Aroma.

„Die Guten ins Töpfchen, die Schlechten ins Kröpfchen" – Aschenputtel muss im Märchen verunreinigte Linsen verlesen. Heute sind Linsen normalerweise frei von Steinchen. Einmal Durchsieben kann allerdings nicht schaden, denn die Hülsenfrüchte werden gemeinsam mit Getreide angepflanzt, das als Rankhilfe dient. Mitunter finden sich deshalb Körner in der Packung, was für Menschen mit einer Glutenintoleranz oder einer Zöliakie problematisch werden kann.

Wie werden Linsen gekocht?

Bevor sie nach dem Einweichen in Wasser oder Gemüsebrühe über dem Herd aufgesetzt werden, sollte man die Linsen einfach einmal im Sieb unter laufendem Wasser waschen. Anschließend werden sie mit ihrer zweieinhalb- bis dreifachen Menge an Flüssigkeit in einem Topf oder einer Kasserole gekocht. Spezielle Abweichungen sind in den Rezepten angegeben.

Große Tellerlinsen mögen weder Salz noch Säure, solange sie nicht gar sind. Deshalb werden sie in allenfalls leicht gesalzenem Wasser gekocht und erst danach gewürzt. Auch geräuchertes Fleisch und säurehaltiges Gemüse wie Tomaten sollten nicht hinzugefügt werden, bevor die Linsen durch sind. Kleine Linsensorten wie Berg- oder Puy-Linsen sind unempfindlicher und können auch in gesalzenem Wasser (½–1 TL auf ½ l Wasser) oder in Brühe gekocht werden. Die Kochdauer verlängert sich dadurch unwesentlich. Diverse Kräuter und Gewürze im Kochwasser weisen in eine erste Geschmacksrichtung. Je nach Rezept eignen sich dazu Knoblauch (geschälte ganze oder halbierte Zehen), Ingwer, Meerrettich oder Thymian, Rosmarin und Lorbeer vorzüglich.

Die Garzeit hängt stark von Sorte und Alter der Linsen ab. Generell können die Hülsenfrüchte kühl, dunkel und trocken gelagert mindestens ein Jahr ohne Qualitätsverlust aufbewahrt werden. Mit der Zeit verlieren sie jedoch an Feuchtigkeit, was die Garzeit verlängert.

Während die geschälten roten und gelben Linsen etwa 10–15 Min. benötigen, um beim Kochen bereits zu zerfallen, können Tellerlinsen bis zu 60 Min. gut vertragen. In den Rezepten dienen die angegebenen Garzeiten als Anhaltspunkte, aber es empfiehlt sich, die Linsen dazwischen hin und wieder zu kosten. Rote und gelbe Linsen kochen zudem leicht über. Ein großer Topf, in dem häufig umgerührt wird, schafft Abhilfe.

Bei braunen Tellerlinsen verkürzt sich die Garzeit auf etwa 30–40 Min., wenn sie über Nacht in klarem Wasser quellen (3–4 l Wasser auf 500 g Linsen). Auch eingeweichte Trojalinsen köcheln so zwischen 25–35 Min. statt der sonst üblichen 40–50 Min. Für die weitere Zubereitung sind 1–2 Stunden Einweichzeit bei den kleinen Berg-, Château- oder Puy-Linsen vor dem Kochen schon ausreichend. Wer damit Erfahrung hat, kann die Linsen in einem Dampfkochtopf garen. Unroutinierten ist davon abzuraten, es besteht die Gefahr, dass sie durch zu langes Kochen zur Gänze zerfallen.

Foto © Shutterstock/Africa Studio

Übersicht: Garzeiten

GROSSE BRAUNE TELLERLINSEN

Kochzeit: 45–60 Min.
Einweichen: empfehlenswert; am besten über Nacht, verkürzt die Kochzeit auf etwa 30–40 Min.

TROJALINSEN

Kochzeit: 40–50 Min.
Einweichen: empfehlenswert; am besten über Nacht, verkürzt die Kochzeit auf etwa 25–35 Min.

KLEINE BRAUNE ODER GRÜNE LINSEN
(Z. B. CHÂTEAU-LINSEN, PUY-LINSEN, BERGLINSEN, PARDINA-LINSEN)

Kochzeit: 20–30 Min.
Einweichen: nicht notwendig

BELUGA-LINSEN

Kochzeit: 15–20 Min.
Einweichen: nicht notwendig

ROTE UND GELBE LINSEN (GESCHÄLT)

Kochzeit: 10–15 Min.
Einweichen: nicht empfehlenswert

Foto © Shutterstock/Jacek Chabraszewski

Vorspeisen & Aufstriche

Puy-Linsen mit marinierten Feigen

Für 4 Personen als Vorspeise

Foto © André Chales de Beaulieu

Zutaten

6 EL Haselnussöl
2 EL Himbeeressig
3 frische Feigen
150 g Puy-Linsen (oder eine andere kleine Linsensorte)
500 ml Gemüsebrühe
Fleur de Sel (oder ein anderes Meersalz)
schwarzer Pfeffer aus der Mühle
1 Romanosalat

Pro Person:
9 g Eiweiß
19 g Kohlenhydrate
15 g Fett
250 Kilokalorien

Haselnussöl verstärkt den feinen nussigen Geschmack der Puy-Linsen.

Zubereitung

Haselnussöl und Himbeeressig vermischen. Feigen in Spalten schneiden und 2 Stunden darin marinieren.

Linsen mit der Gemüsebrühe in einem Topf aufkochen, bei geringer Hitze köcheln lassen, bis die Linsen gar, aber noch bissfest sind (etwa 20–30 Min.). Falls notwendig, überschüssige Flüssigkeit abgießen. Mit Salz und Pfeffer würzen.

Salat in feine Streifen schneiden, waschen und trocken schleudern, auf Teller verteilen, salzen und pfeffern. Linsen darauf verteilen. Die Feigen auf den Linsen drapieren und alles mit Marinade beträufeln.

Kleine Käsestrudel mit Lauch und Linsen

Für 4 Personen als Vorspeise (8 Stück)

Foto © Shutterstock/A_Lein

Man kann auch fertigen Yufka- oder Filoteig verwenden. Er ist spröder als Strudelteig und sollte etwas ruhen und mit Wasser oder Olivenöl eingestrichen werden.

Zubereitung

Für die Füllung Linsen in einem Topf mit Gemüsebrühe aufkochen und bei geringer Hitze köcheln lassen, bis sie gar, aber noch bissfest sind (etwa 20–30 Min.). Falls notwendig, überschüssige Flüssigkeit abgießen. Linsen in eine Schüssel füllen.

Weißen und hellgrünen Stangenteil vom Porree in Ringe schneiden und gründlich waschen. Olivenöl erhitzen, Porree bei mittlerer Hitze darin anbraten, mit geriebener Muskatnuss und Salz würzen, wenig Wasser dazugießen und etwa 5 Min. köcheln. Mit den Linsen mischen und abkühlen lassen.

Käse fein reiben, unter die Linsen mischen, mit Salz und Pfeffer abschmecken.

Für den Strudelteig Mehl in eine Schüssel füllen, in die Mitte eine Kuhle machen, Salz und 2 EL Olivenöl hineingeben, verrühren. Nach und nach Wasser zugeben, bis der Teig eine feste Konsistenz hat und sich gut glatt kneten lässt. Teig zu einer Kugel formen, die gewölbten Hände darüberlegen und mit kreisenden Bewegungen etwa 5 Min. rollen. Abgedeckt bei Zimmertemperatur ca. 30 Min. ruhen lassen.

Den Backofen auf 200 °C vorheizen (Gas: Stufe 4, Umluft 180 °C).

Strudelteig in 8 Portionen teilen, mit dem Nudelholz rechteckig ausrollen und über den Handrücken hauchdünn ausziehen. Die Füllung darauf verteilen, Teigränder einschlagen und kleine Strudel rollen. Mit Olivenöl einstreichen und bei 200 °C auf mittlerer Schiene etwa 20 Min. im Backofen backen (Gas: Stufe 4, Umluft 180 °C). Die Strudel auf Tellern anrichten, die Hülle leicht aufreißen und ein wenig Kürbiskernöl hineingießen.

Zutaten

Für die Füllung
150 g Berglinsen (oder eine andere kleine Linsensorte)
500 ml Gemüsebrühe
400 g Porree
1 EL Olivenöl
etwas geriebene Muskatnuss
Salz, schwarzer Pfeffer aus der Mühle
200 g Gruyère (oder ein anderer kräftiger Hartkäse)
2 EL Olivenöl
4 TL Kürbiskernöl

Für den Strudelteig
200 g Weizenmehl
2 EL Olivenöl
½ TL Salz
80–120 ml lauwarmes Wasser

Pro Person:
27 g Eiweiß
50 g Kohlenhydrate
32 g Fett
590 Kilokalorien

Schellfisch-Linsen-Terrinchen

Für 8 Personen als Vorspeise

Ein Bouquet garni ist ein Kräutersträußchen mit Petersilie, Thymian und Lorbeerblatt.

Foto © Shutterstock/morozv

Zutaten

200 g Schellfisch
3 Knoblauchzehen
300 ml Milch
1 mittelgroße Möhre
200 g Puy-Linsen (oder eine andere kleine Linsensorte)
1 Bouquet garni
1 kleine rote Zwiebel
1 Bund frischer Estragon
1 TL grober Senf
Salz, weißer Pfeffer aus der Mühle
1 Schalotte
5 TL Weißwein
300 ml Gemüsebrühe
3 Blatt weiße Gelatine
½ Kopf Friséesalat
1 EL Estragonessig
2 EL Walnussöl

Pro Person:
13 g Eiweiß
16 g Kohlenhydrate
7 g Fett
180 Kilokalorien

Zubereitung

Fisch kalt abspülen und trocken tupfen. Knoblauchzehen schälen und vierteln. Milch zusammen mit 300 ml Wasser und Knoblauch erhitzen. Hitze reduzieren, bis die Flüssigkeit simmert, dann den Fisch einlegen und so lange köcheln lassen, bis er gerade gar ist (ca. 5–10 Min. je nach Dicke des Fisches). Fisch herausnehmen, die Haut entfernen und mit einer Gabel zerpflücken.

Die Möhre in mittelgroße Würfel schneiden und zusammen mit d en Linsen, dem Bouquet garni sowie 600 ml Wasser aufkochen. Bei geringer Hitze köcheln lassen, bis die Linsen gar sind (etwa 20–30 Min.), Bouquet garni entfernen. Falls notwendig, überschüssige Flüssigkeit abgießen, salzen.

Zwiebel in winzige Würfel schneiden. Estragon hacken, mit Linsen und Fisch zusammenmischen. Senf unterrühren, mit Salz und Pfeffer würzen. Auf 8 konische Gläser verteilen.

Schalotte fein würfeln, mit Weißwein und Gemüsebrühe aufsetzen und etwa 15 Min. kochen. Mit Salz und Pfeffer abschmecken und durch ein Haarsieb gießen.

Gelatine in kaltem Wasser etwa 10 Min. einweichen, ausdrücken und in der heißen Flüssigkeit auflösen (nicht mehr kochen!). Über die Fisch-Linsen-Mischung in die Gläser geben. Mindestens 3 Stunden kühl stellen.

Salat abbrausen und trocken schleudern. Blätter zerrupfen, auf Teller verteilen, leicht salzen und pfeffern. In die Mitte ein „Nest" machen. Estragonessig mit Walnussöl vermischen und Salat damit beträufeln. Die Terrinchen stürzen und in die Tellermitte setzen.

Gebratener Spargel mit Zitronenlinsen

Für 2 Personen als Vorspeise

Foto © Shutterstock/ Ekaterina Kondratova

Vielleicht finden Sie die Idee, Spargel zu braten, ungewöhnlich. Er schmeckt im Vergleich zu gekochtem kräftiger und bleibt durch das Braten knackig. Sie können sowohl weißen als auch grünen Spargel braten; letzterer muss nur am unteren Ende geschält werden.

Zutaten

Für die Linsen

100 g Château- oder Puy-Linsen (oder eine andere kleine feste Linsensorte)
300 ml Gemüsebrühe
5 EL Zitronensaft
2 EL Olivenöl
Fleur de Sel (oder ein anderes Meersalz)
weißer Pfeffer aus der Mühle
250 g grüner Spargel
6 EL Olivenöl
Fleur de Sel (oder ein anderes Meersalz)
weißer Pfeffer aus der Mühle

Pro Person:
13 g Eiweiß
29 g Kohlenhydrate
38 g Fett
510 Kilokalorien

Zubereitung

Linsen mit der Brühe in einem Topf aufkochen, bei geringer Hitze köcheln lassen, bis die Linsen gar, aber noch bissfest sind (etwa 20–30 Min.). Falls notwendig, überschüssige Flüssigkeit abgießen.

Für die Marinade Zitronensaft mit Olivenöl verrühren, mit Fleur de Sel und Pfeffer kräftig abschmecken und über die warmen Linsen gießen. Im Backofen zugedeckt bei 80 °C warm halten.

Spargel waschen, die unteren Enden abschneiden und schälen. Olivenöl in einer Pfanne erhitzen. Spargel bei geringer Hitze etwa 10 Min. rundum braten. Auf Tellern anrichten, mit Fleur de Sel und Pfeffer abschmecken und gemeinsam mit den Linsen servieren.

Statt getrockneter Tomaten können Sie auch 3 TL Pesto rosso in die Paste einrühren.

Linsenaufstrich mit getrockneten Tomaten

Für 4 Personen

Zutaten

125 g rote Linsen
400 ml Gemüsebrühe
30 g getrocknete Tomaten
50 g Kalamata-Oliven
1 EL Kapern
25 g weiche Butter
1 TL Zitronensaft
Salz, schwarzer Pfeffer aus der Mühle
½ Bund Schnittlauch

Pro Person:
10 g Eiweiß
18 g Kohlenhydrate
12 g Fett
220 Kilokalorien

Zubereitung

Linsen mit der Gemüsebrühe in einem Topf aufkochen, bei geringer Hitze garen, bis die Flüssigkeit aufgesogen ist und die Linsen zerfallen (etwa 10–15 Min.). Gelegentlich umrühren. Falls die Flüssigkeit zu schnell verdampft, etwas Brühe oder Wasser dazugeben. Abkühlen lassen.

Getrocknete Tomaten und entsteinte Oliven zerkleinern und gemeinsam mit den Kapern und Linsen mit dem Pürierstab oder in der Küchenmaschine zerkleinern. Die weiche Butter einrühren. Mit Zitronensaft, Salz und Pfeffer abschmecken. 2–3 Stunden in den Kühlschrank stellen. Noch einmal abschmecken.

Schnittlauch waschen, trocknen, in Röllchen schneiden und die Paste damit bestreuen.

Wenn Sie die Nelken vor dem Kochen in einen Teefilter aus Papier füllen, sind sie nach dem Garen leichter zu entfernen.

Pflaumen-Linsen-Aufstrich

Für 4 Personen

Zutaten

10 Backpflaumen ohne Stein
6 EL roter Portwein
100 g gelbe Linsen
350 ml Gemüsebrühe
3 Nelken
3 Msp. gemahlener Zimt
Salz, weißer Pfeffer aus der Mühle

Pro Person:
7 g Eiweiß
29 g Kohlenhydrate
2 g Fett
180 Kilokalorien

Zubereitung

Backpflaumen klein schneiden, mit Portwein übergießen und über Nacht ziehen lassen.

Linsen mit Gemüsebrühe und Nelken in einem Topf aufkochen und bei geringer Hitze garen, bis sie zerfallen (etwa 10–15 Min.). Gelegentlich umrühren. Falls die Flüssigkeit zu schnell verdampft, etwas Brühe oder Wasser zugießen. Nelken entfernen. Pflaumen aus der Marinade heben und gemeinsam mit den Linsen mit dem Pürierstab oder in der Küchenmaschine pürieren. Falls die Paste zu fest ist, etwas Portwein dazugeben, bis sie geschmeidig ist. Mit Zimt sowie Salz und Pfeffer abschmecken und mindestens 2 Stunden kühl stellen. Nochmals abschmecken.

Foto © André Chales de Beaulieu

Linsenaufstrich mit Knoblauchchips

Für 6 Personen

Zutaten

Für die Linsenpaste
2 mittelgroße Karotten
2 Stangen Staudensellerie
1 mittelgroße Zwiebel
1 Knoblauchzehe
2 EL Olivenöl
100 g Berglinsen
½ TL gemahlener Kreuzkümmel (Cumin)
½ TL gemahlener Koriander
300 ml Gemüsebrühe
2 cm frischer Ingwer
Salz, schwarzer Pfeffer aus der Mühle
evtl. etwas Olivenöl

Für die Knoblauchchips
3 junge Knoblauchzehen
3 EL Olivenöl

Pro Person:
5 g Eiweiß
10 g Kohlenhydrate
9 g Fett
140 Kilokalorien

Die Knoblauchchips können Sie bereits am Vortag zubereiten.

Zubereitung

Für die Linsenpaste Karotten, Sellerie, Zwiebel und Knoblauch klein würfeln. 2 EL Olivenöl in einem Topf erhitzen und das Gemüse bei geringer Hitze etwa 5–10 Min. anbraten. Linsen, Kreuzkümmel und gemahlenen Koriander hinzufügen, mit Gemüsebrühe auffüllen und aufkochen. Ingwer schälen, fein reiben und dazugeben. Bei geringer Hitze etwa 30 Min. garen, bis die Linsen bereits etwas zerfallen. Mit dem Pürierstab oder in der Küchenmaschine mixen. Falls die Paste zu fest ist, mit etwas Olivenöl geschmeidig rühren. Mit Salz und Pfeffer abschmecken. Mindestens 2 Stunden kalt stellen.

Für die Knoblauchchips die Knoblauchzehen schälen, in nicht zu dünne Scheiben schneiden, Olivenöl erhitzen. Hitze reduzieren und die Knoblauchscheiben vorsichtig hellbraun anrösten. (Vorsicht: Knoblauch verbrennt leicht und wird bitter.)

Die Paste vor dem Servieren durchrühren, mit Salz und Pfeffer abschmecken und mit den Knoblauchchips bestreuen.

Currylinsen-Aufstrich

Für 4 Personen

Zubereitung

Linsen in einem Topf mit der Gemüsebrühe aufkochen, bei geringer Hitze garen, bis die Flüssigkeit aufgesogen ist und die Linsen zerfallen (etwa 10–15 Min.). Gelegentlich umrühren. Falls die Flüssigkeit zu schnell verdampft, mit etwas Brühe oder Wasser auffüllen. Die Linsen mit einer Gabel zerdrücken.

Zwiebel schälen, würfeln und in Butter bei mittlerer Hitze etwa 5 Min. goldgelb anbraten. Curry dazugeben, etwa 1–2 Min. mitrösten. Einen Teelöffel von der Mischung beiseite stellen. Die restliche Zwiebel-Curry-Mischung unter die Linsen mischen. Mit Salz und Pfeffer abschmecken und mindestens 2 Stunden kühl stellen. Vor dem Servieren noch einmal abschmecken und mit den restlichen Zwiebeln bestreuen.

Zutaten

150 g gelbe Linsen
500 ml Gemüsebrühe
1 kleine Zwiebel
20 g Butter
½–1 TL Madras-Curry (je nach gewünschter Schärfe)
Salz, weißer Pfeffer aus der Mühle

Pro Person:
10 g Eiweiß
20 g Kohlenhydrate
7 g Fett
180 Kilokalorien

Currypulver ist eine Gewürzmischung aus Kurkuma, Koriander, Pfeffer, Bockshornklee und zahlreichen weiteren Bestandteilen. Es schmeckt je nach Mischverhältnis unterschiedlich scharf. Madras-Curry ist aufgrund des hohen Chili-Anteils vergleichsweise pikant. Zu dem Aufstrich passt auch eine milde Curryvariante.

Foto © Shutterstock/Eugenia Lucasenco

Linsen-Hummus

Für 4 Personen

Zutaten

150 g rote Linsen
3 EL Sesampaste (Tahin)
Saft 1 Limette (oder Zitrone)
1 Knoblauchzehe
1 TL Kreuzkümmel (Cumin)
1–2 EL Naturjoghurt
Salz, frisch gemahlener Pfeffer

Pro Person:
12 g Eiweiß
25 g Kohlenhydrate
7 g Fett
215 Kilokalorien

Schmeckt lecker auf Bauernbrot oder Baguette oder auch als Einlage in Wraps etc.

Zubereitung

Die Linsen in etwas Salzwasser kochen, bis sie zerfallen (ca. 10 Min.). Evtl. verbliebene Restflüssigkeit abgießen. Zusammen mit der Sesampaste, dem Limettensaft, der Knoblauchzehe und dem Kreuzkümmel in den Standmixer geben oder mit dem Pürierstab pürieren. Mit Naturjoghurt geschmeidig rühren (Masse sollte nicht zu fest sein). Mit Salz und Pfeffer und evtl. etwas Zitronensaft abschmecken.

Foto © Shutterstock/Delphine Remy

Linsen Wrap

Für 4 Personen

Foto © Shutterstock/Food Travel Stockforlife

Wraps können aus Weizen- oder Maisfladen gewickelt werden. Die kalorienarme Variante wird mit Salatblättern gewickelt.

Foto © Shutterstock/Gabriel Georgescu

Zutaten

100 g kleine Linsen
(z. B. Puy-Linsen oder Albleisa)
100 ml Bier
20 ml Apfelessig
30 ml Olivenöl
2 TL grober Senf
100 g Bergkäse, gewürfelt
1 kleine rote Zwiebel, fein gehackt
2 Karotten, grob geraspelt
1 säuerlicher Apfel, dünn gehobelt

Wraps
Salatblätter oder wahlweise
Weizen- oder Maisfladen

Zubereitung

Linsen bissfest kochen und abgießen.

Aus Bier, Apfelessig, Olivenöl und Senf eine Vinaigrette rühren, mit Salz und Pfeffer abschmecken. Linsen mit den weiteren Zutaten mischen und mit der Vinaigrette vermengen.

Wraps mit etwas gepflücktem Salat belegen, Füllung darauf geben, aufrollen.

Pro Person:
24 g Kohlenhydrate
14 g Eiweiß
14 g Fett
296 Kilokalorien (mit Salat)

Auberginenröllchen mit Ziegenfrischkäse und Tomatensoße

Für 4 Personen als Vorspeise

Zutaten

Für die Auberginenröllchen
1 Aubergine (etwa 200 g)
Salz
50 g Beluga-Linsen
150 ml Gemüsebrühe
2 EL Kapern (möglichst kleine, z. B. der Sorte Nonpareille)
50 g Kalamata-Oliven
75 g Ziegenfrischkäse

Für die Tomatensoße
1 kleine Zwiebel
1 Knoblauchzehe
200 g Tomaten
½ rote Paprikaschote
2 EL Olivenöl

Pro Person:
8 g Eiweiß
11 g Kohlenhydrate
58 g Fett
210 Kilokalorien

Zubereitung

Auberginen der Länge nach in vier nicht zu dicke Scheiben schneiden, mit Salz bestreuen und etwas stehen lassen, bis sie Wasser gezogen haben. Abspülen und mit Küchentuch trocken tupfen. Auf dem Grill oder in einer Grillpfanne ohne Fett braten, bis sie gar sind. Auf Küchenpapier legen und nochmals abtupfen.

Für die Füllung Linsen mit Gemüsebrühe in einem Topf aufkochen und bei geringer Hitze etwa 15–20 Min. köcheln lassen, bis die Linsen gar sind. Falls notwendig, überschüssige Flüssigkeit abgießen. Kapern abtropfen lassen und fein hacken. Oliven entsteinen und zerkleinern. Ziegenfrischkäse mit Kapern, Oliven und Linsen verrühren, mit Salz und Pfeffer abschmecken, auf die Auberginenscheiben streichen und einrollen. Jeweils mit einem Zahnstocher feststecken und auf einem Teller anrichten. Kühl stellen.

Für die Tomatensoße Zwiebel würfeln. Knoblauchzehe mit etwas Salz und einer Gabel zerdrücken oder pressen. Tomaten vierteln und entkernen. Zwei Viertel klein würfeln und beiseitestellen. Paprika entkernen, Zwischenwände entfernen und in Würfel schneiden. Olivenöl erhitzen, Zwiebel und Knoblauch bei mittlerer Hitze etwa 5 Min. anbraten. Tomaten und Paprika dazugeben, salzen, pfeffern und bei geringer Hitze etwa 20 Min. garen. Danach pürieren, etwas abkühlen lassen und lauwarm über die Auberginen gießen. Mit Tomatenwürfeln bestreut servieren.

Foto © André Chales de Beaulieu

Ras el-Hanout ist eine marokkanische Gewürzmischung, die süße, scharfe und bittere Aromen vereint. Die Mischung ist in gut sortierten Lebensmittelläden erhältlich.

Linsen-Couscous-Salat im Glas mit geräuchertem Entenbrustspieß

Für 8 Personen als Vorspeise

Zutaten

100 g Beluga-Linsen
500 ml Gemüsebrühe
100 g Couscous
20 g Pinienkerne
20 g getrocknete Aprikosen
20 g Rosinen
1 kleine rote Zwiebel
1 TL Ras el-Hanout
2 Msp. gemahlener Kreuzkümmel (Cumin)
8 Scheiben geräucherte Entenbrust

Pro Person:
8 g Eiweiß
20 g Kohlenhydrate
4 g Fett
150 Kilokalorien

Zubereitung

Linsen mit der Hälfte der Gemüsebrühe (250 ml) in einem Topf aufkochen und bei geringer Hitze etwa 15–20 Min. köcheln lassen, bis die Linsen gar, aber noch bissfest sind.

Couscous in eine größere Schüssel geben. Mit 250 ml heißer Gemüsebrühe übergießen und etwa 15 Min. quellen lassen. Linsen unter den Couscous mischen.

Zwiebel würfeln und zusammen mit Ras el-Hanout und Kreuzkümmel unter die Linsen-Couscous-Mischung rühren.

Pinienkerne in der Pfanne ohne Fett bei mittlerer Hitze goldbraun rösten. Die getrockneten Aprikosen klein schneiden und mit Rosinen und Pinienkernen mischen. Linsen-Bulgur-Mischung und Obstmischung abwechselnd in Gläser schichten.

Die geräucherte Entenbrust aufrollen, mit einem Zahnstocher fixieren und dekorativ in das Glas stellen.

Foto © André Chales de Beaulieu

Rote Bete-Tarte mit karamellisierten Zwiebeln, Puy-Linsen und Ziegenkäse

Für 8 Personen als Vorspeise
Für 4 Personen als Hauptspeise

Zutaten

Für den Teig
50 g Walnüsse, fein gemahlen
250 g Mehl
100 g weiche Butter
1 Ei
1 TL Salz
etwas Pfeffer, frisch gemahlen

Für die Füllung
50 g Puy-Linsen
500 g rote Bete
2 kleine rote Zwiebeln
30 g Butter
20 g brauner Zucker
30 ml Himbeeressig
30 ml Rotwein
150 g weicher Ziegenkäse (z. B. Ziegenrolle)
Salz, Pfeffer
200 g Joghurt
1 EL geriebener Meerrettich (aus dem Glas)

Pro Person
als Hauptspeise
24 g Eiweiß
77 g Kohlenhydrate
50 g Fett
888 Kilokalorien

als Vorspeise
12 g Eiweiß
38 g Kohlenhydrate
25 g Fett
444 Kilokalorien

Zubereitung

Für den Teig die Zutaten miteinander verkneten (falls der Teig zu krümelig ist, noch etwas kaltes Wasser einarbeiten).
In Frischhaltefolie wickeln und 30 Min. in den Kühlschrank legen. Eine Tarteform mit Butter ausfetten, den Teig dünn ausrollen und in die Form legen. Mit einer Gabel einstechen, mit Backpapier bedecken. Hülsenfrüchte (z. B. Backerbsen) einfüllen und die Form bei 200 °C für 10 Min. in den Ofen geben. Backerbsen und Backpapier entfernen und weitere 10 Min. backen.

In der Zwischenzeit die Linsen in Salzwasser garen, sie sollten noch etwas Biss haben (ca. 20–30 Min.), abgießen.

Rote Bete und Zwiebeln in feine Scheiben hobeln, in etwas Butter anbraten. Mit dem Zucker bestreuen und karamellisieren lassen. Mit Himbeeressig und Rotwein ablöschen und 5–10 Min. köcheln lassen. Die rote Bete sollte gar, aber noch etwas bissfest sein. Die Flüssigkeit sollte verdampft sein.

Joghurt mit dem Meerrettich verrühren, mit Salz und Pfeffer abschmecken. 3 EL des Meerrettichjoghurts auf den Mürbeteigboden streichen.

Die Linsen in die Form geben, dann mit der Bete-Mischung bedecken. Zum Schluss alles mit dem zerbröselten Ziegenkäse bestreuen.

Bei 200 °C ca. 20 Min. backen und lauwarm servieren.

Dazu passt eine winterliche Salatmischung mit Feldsalat und Radicchio und einem Dressing aus Fruchtessig, Walnussöl und Orangensaft.

Foto © Shutterstock/Ekaterina Khoroshilova

Salate

Rotkohl-Rohkost mit Linsen und lauwarmer Entenbrust

Für 4 Personen

Zutaten

¼ mittelgroßer Rotkohl
5 EL Haselnussöl
3 EL Rotweinessig
1 TL Salz
200 g Puy- oder Château-Linsen (oder eine andere kleine feste Linsensorte)
600 ml Gemüsebrühe
½ frische rote Chilischote
Fleur de Sel (oder ein anderes Meersalz)
50 g ganze Haselnüsse
2 Entenbrustfilets à 350 g (z. B. von der Barbarie-Ente)
schwarzer Pfeffer aus der Mühle

Pro Person:
44 g Eiweiß
29 g Kohlenhydrate
47 g Fett
720 Kilokalorien

Zubereitung

Am Vortag die Rohkost vorbereiten: Kohl vierteln, den Strunk entfernen und in feine Streifen schneiden oder hobeln. In einer größeren Schüssel mit 1 TL Salz bestreuen, mit 2 EL Haselnussöl und 1 EL Rotweinessig beträufeln und ein paar Min. mit den Händen kneten. Vorsicht: Kohlsaft färbt, daher am besten Einweghandschuhe verwenden. Über Nacht bei Zimmertemperatur ruhen lassen.

Linsen mit der Gemüsebrühe in einem Topf aufkochen und bei geringer Hitze etwa 20–30 Min. köcheln lassen, bis die Linsen gar, aber noch bissfest sind. Falls notwendig, überschüssige Flüssigkeit abgießen. Linsen mit Rotkohl mischen.

3 EL Haselnussöl und 2 EL Rotweinessig verrühren. Chilischote halbieren, die Kerne entfernen (am besten auch hier Einweghandschuhe tragen), sehr fein schneiden und zu der Öl-Essig-Mischung geben. Mit Fleur de Sel abschmecken, über die Kohl-Linsen-Mischung gießen und im Kühlschrank 1–2 Stunden ziehen lassen.

Haselnüsse auf ein Backblech legen, bei 175 °C im nicht vorgeheizten Backofen auf der obersten Schiene rösten, bis die Häutchen springen (Gas: Stufe 4, Umluft: 155 °C). Abkühlen lassen, Häutchen abreiben und Nüsse grob hacken.

Die Haut der Entenbrustfilets mit einem scharfen Messer mehrmals diagonal einritzen. Eine Pfanne mit dickem Boden erhitzen, Filets mit der Hautseite nach unten einlegen. Hitze reduzieren und die Entenbrust etwa 10 Min. braten. Wenden und im eigenen Fett weitere 10 Min. braten, bis das Entenbrustfilet innen noch etwas rosa ist (die Bratdauer hängt von der Dicke des Filets ab). Aus der Pfanne nehmen, salzen und pfeffern. 5 Min. ruhen lassen.

Salat vor dem Servieren noch einmal abschmecken, auf Teller verteilen und mit den gehackten Haselnüssen bestreuen. Die Entenbrust schräg in Scheiben schneiden und neben dem Salat anrichten.

Foto © André Chales de Beaulieu

Salat mit dicken Bohnen, Linsen und Ziegenkäse

Für 4 Personen

Junge dicke Bohnen sind ein Genuss, aber es ist mühevoll, sie zu schälen. In kleineren Gemüseläden finden Sie manchmal bereits geschälte Kerne („Palbohnen"). Alternativ: junge dicke Bohnen aus dem Glas oder tiefgekühlt.

Foto © André Chales de Beaulieu

Zutaten

500 g frische dicke Bohnen („Saubohnen") (geschält etwa 150 g)
1 Bund Bohnenkraut
20 g Butter
Salz
1 TL Zitronensaft
250 g Puy-Linsen (oder eine andere kleine feste Linsensorte)
800 ml Gemüsebrühe
2 EL Erdnussöl
2 EL Distelöl
1 EL Honig
2 EL Apfelessig
Salz, schwarzer Pfeffer aus der Mühle
4 kleine runde Ziegenfrischkäse (z. B. Picandou) (à 30 g)
8 Baguettescheiben
1 EL kräftiger Honig (z. B. Akazien- oder Thymianhonig)
1 TL frische Thymianblätter

Pro Person:
31 g Eiweiß
59 g Kohlenhydrate
25 g Fett
590 Kilokalorien

Zubereitung

Bohnenkerne aus den Schoten schälen. Mit dem Bohnenkraut in kochendem Salzwasser etwa 5 Min. blanchieren. Abgießen, mit kaltem Wasser überbrausen und Kerne aus der Haut pressen. Butter zerlassen, Bohnen bei mittlerer Hitze etwa 5 Min. darin garen, salzen und mit Zitronensaft aromatisieren.

Linsen mit Gemüsebrühe in einem Topf aufkochen und bei geringer Hitze köcheln lassen, bis die Linsen gar, aber noch bissfest sind (etwa 20–30 Min.). Restliche Flüssigkeit abgießen, Linsen mit den Bohnenkernen in einer Salatschüssel vermischen, etwas salzen.

Aus Erdnuss- und Distelöl, Honig und Apfelessig eine Marinade anrühren, salzen, pfeffern und über die Linsen-Bohnen-Mischung gießen.

Ziegenkäse halbieren, auf die Baguettescheiben legen und im Backofen unter dem Grill kurz überbacken. Käse mit Honig beträufeln, mit Thymianblättchen bestreuen und mit dem Salat servieren.

Sommerlicher Linsensalat mit Apfel

Für 4 Personen

Zubereitung

Linsen mit der Gemüsebrühe in einem Topf aufkochen. Bei geringer Hitze etwa 20–30 Min. köcheln lassen, bis die Linsen gar, aber noch bissfest sind. Falls notwendig, überschüssige Flüssigkeit abgießen.

Rapsöl mit Apfelessig und Johannisbeersenf verrühren, salzen, pfeffern und unter die Linsen mischen.

Äpfel schälen, vierteln und in kleine Würfel schneiden. Zwiebel schälen und würfeln. Salatgurke abspülen, längs vierteln, Kerne entfernen und die Gurke in Streifen schneiden. Alles mit den Linsen mischen und 2 Stunden im Kühlschrank gut durchziehen lassen. Mit Salz, Pfeffer und Apfelessig abschmecken.

Foto © Shutterstock/marco mayer

Zutaten

400 g Château-Linsen (oder eine andere kleine feste Linsensorte)
1 l Gemüsebrühe
5 EL Rapsöl
2 EL Apfelessig
1–2 EL Johannisbeersenf
Salz, schwarzer Pfeffer aus der Mühle
2 säuerliche Äpfel (z. B. Cox Orange)
1 kleine Zwiebel
½ Salatgurke

Pro Person:
26 g Eiweiß
64 g Kohlenhydrate
19 g Fett
530 Kilokalorien

Foto © Shutterstock/Ermak Oksana + baibaz

Zahlreiche kleine Senfmanufakturen stellen Johannisbeersenf her. Sie können alternativ auch 1 EL mittelscharfen Senf mit etwas Johannisbeergelee verrühren.

Statt Basilikum können Sie auch einen halben Bund Rucola unter die Linsen mischen.

Italienischer Linsensalat mit getrockneten Tomaten

Für 4 Personen

Zutaten

400 g Beluga-Linsen (oder eine andere kleine feste Linsensorte)
1,2 l Gemüsebrühe
5 Knoblauchzehen
4 EL Olivenöl
2 EL Aceto balsamico
100 g in Öl eingelegte getrocknete Tomaten
1 Bund Basilikum

Pro Person:
25 g Eiweiß
52 g Kohlenhydrate
17 g Fett
470 Kilokalorien

Zu dem Salat passen Lammfrikadellen: Dazu 500 g Lammhackfleisch (ersatzweise Rinderhack) mit 2 Eiern, 3 fein gehackten Schalotten oder kleinen Zwiebeln, abgeriebener Schale einer Zitrone, 4 EL Tomatenmark, 1–3 zerdrückten Knoblauchzehen (je nach Geschmack) mischen, mit etwa 1 TL Salz und 4 Msp. Cayennepfeffer würzen. Zu Frikadellen formen und in Olivenöl auf beiden Seiten etwa 5 Min. braten.

Zubereitung

Linsen zusammen mit 3 ganzen geschälten Knoblauchzehen in der Gemüsebrühe aufkochen und bei mittlerer Hitze köcheln lassen, bis sie gar, aber noch bissfest sind (etwa 15–20 Min.). Knoblauchzehen herausnehmen, Linsen abseihen und in eine Salatschüssel füllen.

Restlichen Knoblauch mit etwas Salz und einer Gabel zerdrücken oder durch die Knoblauchpresse drücken. Mit Olivenöl und Aceto balsamico vermischen, salzen, pfeffern und unter die warmen Linsen rühren.

Getrocknete Tomaten klein schneiden, Basilikum grob hacken und unter die Linsen mischen. Mindestens 2 Stunden im Kühlschrank durchziehen lassen. Vor dem Servieren noch einmal mit Salz, Pfeffer und Aceto balsamico abschmecken.

Foto © Shutterstock/DronG

Lauwarme Apfellinsen mit geräuchertem Forellenfilet

Für 4 Personen

Statt des frischen Meerrettichs können Sie auch 2 TL geriebenen Meerrettich aus dem Glas verwenden.

Zutaten

300 g Puy- oder Château-Linsen (oder eine andere kleine feste Linsensorte)
900 ml Gemüsebrühe
1 Bund Frühlingszwiebeln
2 kleine säuerliche Äpfel (z. B. Cox Orange)
2 EL Butter
etwa 3 cm frischer Meerrettich
1 Zitrone
2 EL Walnussöl
10 ml Calvados
Salz
schwarzer Pfeffer aus der Mühle
2 geräucherte Forellenfilets ohne Haut

Pro Person:
26 g Eiweiß
48 g Kohlenhydrate
19 g Fett
480 Kilokalorien

Zubereitung

Linsen mit der Gemüsebrühe in einem Topf aufkochen. Bei geringer Hitze etwa 20–30 Min. köcheln lassen, bis die Linsen gar, aber noch bissfest sind. Falls notwendig, überschüssige Flüssigkeit abgießen und die Linsen in eine Salatschüssel umfüllen.

Frühlingszwiebeln in Ringe schneiden. Äpfel vierteln, schälen, entkernen und in schmale Spalten schneiden. Butter bei mittlerer Hitze zerlassen, die Frühlingszwiebeln hinzufügen und etwa 2 Min. dünsten. Äpfel hinzugeben, etwa 2 Min. weiterdünsten und unter die Linsen mischen.

Meerrettich schälen, reiben und zu der Apfel-Zwiebel-Linsen-Mischung geben. Zitrone halbieren. Eine Hälfte auspressen, die andere Hälfte in Spalten schneiden.

Walnussöl mit Zitronensaft und Calvados mischen, über die Apfel-Zwiebel-Linsen-Mischung gießen. Mit Salz und Pfeffer abschmecken und auf einer Platte anrichten.

Forellenfilets halbieren, auf die Apfel-Zwiebel-Linsen-Mischung legen. Mit Zitronenspalten servieren.

Warmer Kartoffel-Linsen-Salat

Für 4 Personen

Zubereitung

Kartoffeln mit der Schale in Salzwasser kochen (etwa 20–25 Min.). Abgießen, pellen und in Scheiben schneiden.

Linsen zusammen mit der Brühe in einem Topf aufkochen, bei kleiner Hitze etwa 15–20 Min. köcheln lassen, bis sie gar, aber noch bissfest sind. Falls notwendig, überschüssige Flüssigkeit abgießen, mit den Kartoffeln in eine Schüssel geben.

Zwiebeln schälen und würfeln. Tomaten halbieren, Kapern hacken und Schnittlauch in Röllchen schneiden. Alle Zutaten mischen. Olivenöl und Zitronensaft verrühren, mit Salz und Pfeffer abschmecken und über den Salat gießen. Lauwarm servieren.

Foto © Shutterstock/A. Zhuravleva

Zutaten

750 g kleine, festkochende Kartoffeln
125 g Beluga-Linsen
400 ml Gemüsebrühe
100 g Kirschtomaten
2 kleine Zwiebeln
3 EL Kapern (möglichst kleine, z. B. der Sorte Nonpareille)
½ Bund Schnittlauch
5 EL Olivenöl
2 TL Zitronensaft
Salz
schwarzer Pfeffer aus der Mühle

Pro Person:
12 g Eiweiß
47 g Kohlenhydrate
15 g Fett
380 Kilokalorien

Puy-Linsensalat mit gebratener Gänseleber

Für 4 Personen

Statt der gebratenen Gänseleber können Sie den Salat auch mit warmem Ziegenkäse servieren (siehe auch Rezept: „Salat mit dicken Bohnen, Linsen und Ziegenkäse", Seite 40).

Foto © Shutterstock/https:/Moteelec

Zutaten

300 g Puy-Linsen
1 Lorbeerblatt
900 ml Hühnerbrühe
1 kleine Schalotte
4 EL Rotweinessig
7 EL Walnussöl
3 EL roter Portwein
Salz, schwarzer Pfeffer aus der Mühle
1 EL Brunnenkresse, gehackt
250 g Gänseleber
3 EL Weizenmehl
3 EL Butter
½ Friséesalat oder Lollo bianco

Pro Person:
31 g Eiweiß
48 g Kohlenhydrate
37 g Fett
650 Kilokalorien

Zubereitung

Linsen mit Lorbeerblatt und Brühe in einem Topf aufkochen und bei geringer Hitze etwa 20–30 Min. köcheln lassen, bis die Linsen gar, aber noch bissfest sind. Lorbeerblatt entfernen und die überschüssige Flüssigkeit abgießen. Die Linsen in eine Schüssel geben und abkühlen lassen.

Schalotte schälen und fein würfeln. Mit Rotweinessig, Walnussöl und Portwein zu einer Vinaigrette verrühren. Die Hälfte über die noch warmen Linsen gießen. Brunnenkresse untermengen und mit Salz und Pfeffer abschmecken.

Gänseleber waschen und säubern. Mit Küchenpapier abtupfen und in Mehl wenden. Butter in einer Pfanne bei mittlerer Hitze zerlassen, Gänseleber darin von beiden Seiten sanft anbraten, bis sie gar ist. Salzen und pfeffern. Kurz ruhen lassen und dann in Scheiben schneiden.

Salat putzen, mit der restlichen Vinaigrette beträufeln und zusammen mit Linsen und Gänseleber auf Tellern anrichten.

Lauwarmer Salat mit roter Bete, Schafskäse und Puy-Linsen

Für 4 Personen

Zubereitung

Die rote Bete waschen, mit der Gemüsebürste putzen und in Salzwasser gar kochen (ca. 45–60 Min.). Nach etwa 30 Min. die Linsen aufsetzen (siehe unten). Rote Bete abgießen und schälen (am besten dünne Küchenhandschuhe tragen, die Bete färbt stark ab). Die Bete in Würfel schneiden.

Die Linsen in Salzwasser gar kochen; sie müssen noch etwas bissfest sein. Abgießen.

Unterdessen den Schafskäse in Würfel schneiden. Essig und Öl verrühren.

Alles in eine Schüssel geben, mit der Essig-Öl-Mischung übergießen, salzen und pfeffern und lauwarm servieren. Der Schafskäse zerläuft dann etwas.

Alternativ alle Zutaten etwas abkühlen lassen, dann mischen und im Kühlschrank über Nacht durchziehen lassen.

Zutaten

4 mittelgroße rote Bete à ca. 100 g
400 g Puy-Linsen
(oder eine andere kleine, festkochende Linsensorte)
300 g Schafskäse
7 EL Olivenöl
3 EL Aceto balsamico
Salz, Pfeffer

Pro Person:
13 g Eiweiß
22 g Kohlenhydrate
13 g Fett
261 Kilokalorien

Marokkanischer Reis-Linsen-Salat mit gebratener Hähnchenbrust

Für 4 Personen

Zutaten

200 g Puy-Linsen (oder eine andere kleine feste Linsensorte)
750 ml Hühnerbrühe
100 g Langkornreis
Salz
1 Aubergine (etwa 200 g)
2 mittelgroße rote Zwiebeln
1 EL Erdnussöl
1 EL Butter
1 TL gemahlener Rosenpaprika
1 TL gemahlener Zimt
1 TL gemahlener Koriander
1 TL gemahlener Kreuzkümmel (Cumin)
250 ml Hühnerbrühe
1 Bund Frühlingszwiebeln
1 Bund Minze
400 g Hähnchenbrustfilets
2 EL Erdnussöl oder Olivenöl
Saft von einer Zitrone

Pro Person:
36 g Eiweiß
48 g Kohlenhydrate
16 g Fett
480 Kilokalorien

Zubereitung

Linsen mit der Brühe in einem Topf aufkochen, bei geringer Hitze köcheln lassen, bis die Linsen gar, aber noch bissfest sind (etwa 20–30 Min.). Falls notwendig, überschüssige Flüssigkeit abgießen und in eine Salatschüssel füllen.

Reis nach Packungsanleitung zubereiten. Flüssigkeit abgießen, mit kaltem Wasser abspülen, abtropfen lassen, mit den Linsen vermischen und salzen.

Aubergine in Würfel, Zwiebeln in Ringe schneiden. Erdnussöl zusammen mit der Butter in einer Pfanne erhitzen, die Zwiebeln bei geringer Hitze darin etwa 10 Min. weich dünsten. Gewürze vermischen, in die Pfanne geben, Hitze erhöhen und kurz mitrösten.

Auberginenwürfel in die Pfanne geben und etwa 15 Min. bei mittlerer Hitze garen. Aus der Pfanne heben, auf Küchenpapier abtropfen lassen, salzen und mit der Reis-Linsen-Mischung vermengen. Den Bratrückstand mit 250 ml Hühnerbrühe aufgießen, kurz aufkochen. Soße über die Auberginen-Linsen-Reis-Mischung geben.

Hähnchenbrustfilets abspülen, trocken tupfen, in Scheiben schneiden und in Erdnussöl bei mittlerer Hitze rundum braten. Salzen, pfeffern und mit etwas Zitronensaft beträufeln.

Frühlingszwiebeln in Ringe schneiden, Minze hacken, über den Salat streuen. Gemeinsam mit dem Hähnchenbrustfilet servieren.

Wenn Sie frischen Koriander mögen, können Sie wahlweise statt der Frühlingszwiebeln auch 1 Bund fein gehackten Koriander über den Salat streuen.

Foto © André Chales de Beaulieu

Bücklinge sind heiß geräucherte junge Heringe, die nicht ausgenommen werden. Sie sind im Fischgeschäft ganz, ebenso wie bereits filetiert erhältlich.

Linsensalat mit Räucherfisch

Für 4 Personen

Foto © André Chales de Beaulieu

Zutaten

250 g Puy-Linsen (oder eine andere kleine feste Linsensorte)
800 ml Gemüsebrühe
1 Lorbeerblatt
2 Bund Frühlingszwiebeln
2 EL Sojasoße (gesalzen)
1 EL Sherryessig
Salz, schwarzer Pfeffer aus der Mühle
350 g Bücklingsfilet (geräuchertes Heringsfilet)
1 Bund glatte Petersilie

Pro Person:
36 g Eiweiß
43 g Kohlenhydrate
20 g Fett
500 Kilokalorien

Zubereitung

Linsen mit Brühe und Lorbeerblatt in einem Topf aufkochen und bei geringer Hitze köcheln lassen, bis die Linsen gar, aber noch bissfest sind (etwa 20–30 Min.). Lorbeerblatt entfernen, die überschüssige Flüssigkeit abgießen und Linsen in eine Schüssel geben.

Frühlingszwiebeln in Ringe schneiden, Sojasoße und Sherryessig verrühren und mit Salz und Pfeffer abschmecken. Mit den Linsen vermischen und mindestens 2 Stunden durchziehen lassen.

Fisch in grobe Stücke zupfen und vorsichtig unter die Linsen heben. Grob gehackte Petersilie in den Salat geben und mit Salz, Pfeffer und Sherryessig abschmecken.

Ich verwende für den Salat Bücklinge, die einen kräftigen, rauchigen Geschmack besitzen. Sie können aber auch anderen Räucherfisch verwenden, z. B. Makrele oder Lachs. Falls erhältlich, wählen Sie frisch geräucherten Fisch. Alternativ: Fisch aus der Dose, der schmeckt häufig noch etwas intensiver.

Foto © Shutterstock/Richard Oses Photography

Linsensalat mit Feta-Käse und Avocado

4 Personen

Zubereitung

Die Linsen mit Gemüsebrühe oder Salzwasser aufsetzen. Bei mittlerer Hitze etwa 30 Min. köcheln lassen. Die Linsen sollen gar, aber noch bissfest sein. Überschüssige Flüssigkeit abgießen.

Aus Senf, Rotweinessig, Walnussöl eine Vinaigrette mischen.

Schalotten schälen und in winzige Würfel schneiden, zur Vinaigrette geben. Mit Curry, Salz und Pfeffer würzen, zu den noch warmen Linsen geben und kühl stellen.

In der Zwischenzeit die Avocado schälen, den Kern entfernen und das Avocadofleisch würfeln. Den Feta zerbröseln und Tomaten halbieren. Die Oliven entkernen und alles unter die Linsen mischen. Nochmal mit Salz und Pfeffer abschmecken.

Die Pinienkerne ohne Fett in der Pfanne anrösten und auf den Salat streuen. Schnittlauch in kleine Röllchen schneiden und ebenfalls auf den Salat geben.

Zutaten

150 g Puy-Linsen
400 ml Gemüsebrühe
1 TL grober Senf
1 EL Rotweinessig
3 EL Walnussöl
2 Schalotten
2 Msp. Curry, Salz, Pfeffer
1 Avocado
100 g Feta (Schafskäse)
4 Cherrytomaten
50 g kleine Oliven (z. B. Arbequino)
2 EL Pinienkerne
1 Bund Schnittlauch

Pro Person:
17 g Eiweiß
24 g Kohlenhydrate
28 g Fett
436 Kilokalorien

Sie können statt der Avocado auch Streifen von Karotten oder Stangensellerie unter den Salat mischen. Dünsten Sie Karotten vorab in etwas Butter.

Foto © Shutterstock/nadianb

Suppen & Eintöpfe

Falls Sie keine Apfelchips erhalten, können Sie auch mittels Zestenreißer etwas Schale spiralförmig vom Apfel schneiden und die Suppe damit dekorieren.

Linsen-Apfel-Suppe mit Wasabi

Für 4 Personen

Foto © André Chales de Beaulieu

Zutaten

250 g rote Linsen
1 l Gemüsebrühe
1 säuerlicher Apfel (z. B. Cox Orange)
1 cm frischer Ingwer
¼ TL gemahlener Kreuzkümmel (Cumin)
½ TL geriebene Schale einer unbehandelten Limette (oder Zitrone)
100 ml Schlagsahne
2 TL Wasabi
Salz, weißer Pfeffer aus der Mühle
2 EL Apfelchips

Pro Person:
19 g Eiweiß
47 g Kohlenhydrate
13 g Fett
390 Kilokalorien

Sie können die Suppe bereits am Vortag zubereiten. Beachten Sie dabei, sie nach dem Pürieren abkühlen zu lassen und erst am nächsten Tag Sahne und Wasabi dazuzugeben. Falls die Suppe über Nacht andickt, verdünnen Sie mit etwas Gemüsebrühe.

Zubereitung

Linsen mit Brühe in einem größeren Topf aufkochen und bei geringer Hitze etwa 10 Min. garen. Gelegentlich umrühren.

Apfel schälen, in kleine Stücke schneiden, Ingwer schälen und reiben. Limettenschale abreiben und mit Apfel, Ingwer und Kreuzkümmel zu den Linsen geben, weitere 10 Min. garen, bis die Linsen zerfallen. Mit dem Stabmixer oder in der Küchenmaschine pürieren.

Sahne leicht schlagen, die Hälfte in die Suppe rühren. 2 TL Wasabi dazugeben, mit Salz und Pfeffer abschmecken. Auf Suppenteller verteilen, mit der restlichen Schlagsahne und den zerbröselten Apfelchips oder ein paar Tupfern Wasabi auf der Sahne dekorieren.

Rote Linsensuppe

Für 4 Personen

Zubereitung

Zwiebeln schälen und würfeln. Linsen zusammen mit Gemüsebrühe, der Hälfte der Zwiebeln und dem Lorbeerblatt aufkochen, bei geringer Hitze köcheln lassen, bis die Linsen zerfallen (etwa 10–15 Min.). Lorbeerblatt entfernen.

Butter zerlassen und die restlichen Zwiebelwürfel zusammen mit Curry bei mittlerer Hitze anbraten, bis sie weich sind (etwa 5 Min.). Zwiebelmischung in die Suppe geben.

Mandelblättchen in einer Pfanne bei mittlerer Hitze ohne Fett hellbraun rösten. (Vorsicht: Bei zu starker Hitze werden die Mandelblättchen schnell dunkel.)

Sahne in die Suppe einrühren, noch mal erhitzen, aber nicht mehr kochen.

Zitrone heiß abspülen und in 4 etwas dickere Scheiben schneiden. Je eine Scheibe in einen Suppenteller legen, mit Suppe aufgießen und mit Mandelblättchen bestreut servieren. Die Zitronenscheibe mit dem Suppenlöffel leicht auspressen.

Zutaten

2 mittelgroße Zwiebeln
250 g rote Linsen
1 l Gemüsebrühe
1 Lorbeerblatt
1 EL Currypulver (mittelscharf)
10 g Butter
250 ml Sahne
1 unbehandelte Zitrone
2 EL Mandelblättchen

Pro Person:
22 g Eiweiß
40 g Kohlenhydrate
31 g Fett
530 Kilokalorien

Foto © Shutterstock/NADKI

Zur Dekoration der Suppe können Sie statt Mandelblättchen auch die in Butter und Curry gebratenen Zwiebelwürfel verwenden.

Fenchel-Linsen-Suppe mit Ingwer

Für 4 Personen

Zutaten

2 Fenchelknollen
2 mittelgroße Karotten
4 mittelgroße Schalotten
4 cm frischer Ingwer
2 EL Sesamöl
1 l Gemüsebrühe
200 g rote Linsen
Saft einer Limette
Salz
1 TL Currypulver (Madras)
½–1 getrocknete rote Chilischote (je nach gewünschter Schärfe)
1 Bund Koriander (alternativ: glatte Petersilie)

Zubereitung

Fenchelknollen und Karotten putzen und klein würfeln. Schalotten schälen und ebenfalls in feine Würfel schneiden. Ingwer schälen und fein hacken.

Sesamöl erhitzen und Gemüse bei geringer Hitze kurz anbraten. Mit Brühe aufgießen, Linsen dazugeben, aufkochen und bei geringer Hitze etwa 10–15 Min. garen, bis sie weich sind. Gelegentlich umrühren. Getrocknete Chilischote mit dem Mörser zerstoßen. Linsen mit Limettensaft, Salz, Curry und Chili würzen.

Koriander oder Petersilie hacken, das Gericht damit bestreuen und servieren.

Pro Person:
19 g Eiweiß
38 g Kohlenhydrate
11 g Fett
340 Kilokalorien

Grüne Linsen mit Kokosmilch aus Tansania

Für 4 Personen

Zutaten

1 Gemüsezwiebel
1 EL Sonnenblumenöl
3 Knoblauchzehen
3 cm frischer Ingwer
200 g Puy-Linsen
600 ml Gemüsebrühe
1 TL Currypulver (Madras)
400 ml Kokosmilch
Salz, weißer Pfeffer aus der Mühle
Saft von ½–1 Zitrone (nach Geschmack)
1 Bund Koriander (alternativ: glatte Petersilie)

Zubereitung

Gemüsezwiebel und Knoblauch schälen, Zwiebel grob, Knoblauch klein würfeln. Ingwer schälen und fein hacken.

Sonnenblumenöl in einem Topf erhitzen, Zwiebelwürfel bei mittlerer Hitze goldgelb anbraten (etwa 5 Min.). Knoblauch, Ingwer und Curry kurz mit anrösten. Linsen dazugeben, mit Kokosmilch und Gemüsebrühe auffüllen und aufkochen. Etwa 20–30 Min. bei geringer Hitze köcheln lassen, bis die Linsen gar sind. Mit Salz, Pfeffer und Zitronensaft abschmecken.

Koriander oder Petersilie hacken und das Gericht damit bestreuen.

Pro Person:
15 g Eiweiß
39 g Kohlenhydrate
8 g Fett
290 Kilokalorien

Tomaten-Orangen-Suppe mit roten Linsen

Für 4 Personen

So geht das Filetieren einer Orange einfach: Die Frucht schälen, sodass die innere weiße Haut ganz entfernt ist. Dann mit einem scharfen Messer rechts und links der Trennhäute Filets herausschneiden.

Zubereitung

Tomaten waschen, vierteln und die Kerne entfernen.

Orange heiß abspülen und die Schale mit dem Zestenreißer spiralförmig abschälen (für die Dekoration). Die Frucht filetieren und in kleine Stücke schneiden.

Zwiebel schälen und würfeln. Butter in einem größeren Topf zerlassen, Zwiebelwürfel darin 5 Min. bei mittlerer Hitze goldgelb anbraten. Knoblauchzehe mit etwas Salz und einer Gabel zerdrücken oder durch die Knoblauchpresse geben und etwa 1 Min. mit den Zwiebeln anbraten. Tomaten, Orangenstücke sowie Linsen dazugeben und mit Gemüsebrühe auffüllen. Zum Kochen bringen und bei geringer Hitze etwa 10–15 Min. garen, bis die Linsen zerfallen.

Ingwer schälen und reiben. Suppe mit dem Pürierstab oder in der Küchenmaschine pürieren und mit Ingwer, Salz, Pfeffer und eventuell etwas Chili abschmecken. Auf Teller verteilen und mit Orangenschalen dekoriert servieren.

Zutaten

500 g Tomaten
1 unbehandelte Orange
1 mittelgroße Zwiebel
30 g Butter
1 Knoblauchzehe
50 g rote Linsen
300 ml Gemüsebrühe
2 cm frischer Ingwer
Salz, schwarzer Pfeffer aus der Mühle
etwas gemahlener Chili, nach Bedarf

Pro Person:
7 g Eiweiß
20 g Kohlenhydrate
13 g Fett
230 Kilokalorien

Statt frischer Tomaten können Sie auch Tomaten aus der Dose verwenden. Besonders im Winter sind diese häufig sogar aromatischer als Treibhaustomaten.

Indisches Dal süßsauer

Für 4 Personen

Zutaten

1 frische rote Chilischote
2 cm frischer Ingwer
3 Flaschen- oder Roma-Tomaten
300 g gelbe oder rote Linsen
1 l Gemüsebrühe
½ TL Currypulver (Madras)
80 g Kokosraspel
2 EL Ghee oder Butterschmalz
1 EL Curryblätter, gehackt
1 Prise Asafoetida
Saft von einer Limette
Salz
½ TL Zucker

Pro Person:
21 g Eiweiß
46 g Kohlenhydrate
29 g Fett
530 Kilokalorien

Zubereitung

Chilischote halbieren, Kerne entfernen und sehr fein schneiden (Vorsicht: Einweghandschuhe verwenden!). Ingwer schälen und reiben. Tomaten in kleine Stücke schneiden.

Linsen mit Gemüsebrühe aufkochen, Chili, Ingwer, Tomaten und Curry dazugeben. Temperatur reduzieren und bei geringer Hitze etwa 15 Min. köcheln lassen, bis die Linsen gar sind und zerfallen. Gelegentlich umrühren.

Kokosraspel, Ghee, gehackte Curryblätter, Asafoetida und Limettensaft unterrühren. Mit Salz und Zucker abschmecken.

Ghee (indisches Butterschmalz) und Asafoetida („Teufelsdreck"), ein Gewürz, das gegen unerwünschte „Winde" hilfreich ist, erhalten Sie im Asialaden.

Foto © Shutterstock/Timolina

Libanesische Linsen-Mangold-Suppe

Für 4 Personen

Zutaten

300 g Mangold
1 kleine Zwiebel
2 EL Olivenöl
300 g Pardina-Linsen (oder eine andere kleine Linsensorte)
1 l Gemüsebrühe
1 EL gemahlener Kreuzkümmel (Cumin)
1 EL getrocknete Minze
Salz, Cayennepfeffer
Saft von einer Zitrone

Pro Person:
20 g Eiweiß
44 g Kohlenhydrate
10 g Fett
360 Kilokalorien

Im Libanon wird diese Linsen-Mangold-Suppe traditionellerweise zum Ende des Ramadan serviert.

Foto © Shutterstock/Fanfo

Zubereitung

Mangold waschen und in Streifen schneiden. Zwiebel schälen und fein würfeln. Olivenöl in einem Topf erhitzen, Zwiebelwürfel und Mangold darin bei mittlerer Hitze etwa 5 Min. anbraten.

Linsen hinzufügen, mit Gemüsebrühe auffüllen und zum Kochen bringen. Kreuzkümmel und getrocknete Minze dazugeben.

Temperatur reduzieren und bei geringer Hitze köcheln lassen, bis die Linsen gar sind (etwa 20–30 Min.). Mit Salz, Cayennepfeffer und Zitronensaft abschmecken.

Lammtopf mit Linsen

Für 4 Personen

Zubereitung

Linsen über Nacht in etwa 3 l Wasser einweichen, Flüssigkeit abgießen.

Lammfleisch abspülen, trocken tupfen und in Würfel schneiden.

Butter und Olivenöl erhitzen, Lammfleisch in 2–3 Portionen bei mittlerer Hitze von allen Seiten anbraten. Mit Paprikapulver und Kreuzkümmel bestreuen und wieder in den Topf geben. Harissa bzw. Peperoncini-Paste, Zitronenschale und Lorbeerblätter einrühren. Mit Fleischbrühe auffüllen, aufkochen und bei geringer Hitze 45 Min. garen. Zitronenschale und Lorbeerblätter entfernen.

Zwiebeln und Karotten in grobe Stücke schneiden, gemeinsam mit den Linsen zum Fleisch geben. Weitere 30–40 Min. köcheln, bis sowohl das Fleisch als auch die Linsen gar sind. Werden die Linsen nicht eingeweicht, verlängert sich die Garzeit um etwa 15 Min. Mit Salz und Pfeffer abschmecken. Koriander oder Petersilie hacken und das Gericht damit bestreuen.

Foto © Shutterstock/Magrig

Zutaten

300 g braune Tellerlinsen
750 g Lammfleisch aus der Keule
20 g Butter
1 EL Olivenöl
½ TL gemahlener Kreuzkümmel (Cumin)
½ TL gemahlener Rosenpaprika
¼–½ TL Harissa oder Peperoncini-Paste (nach gewünschter Schärfe)
2 Lorbeerblätter
5 cm Schale einer unbehandelten Zitrone
750 ml Fleischbrühe
3 mittelgroße Zwiebeln
5 mittelgroße Karotten
Salz
schwarzer Pfeffer aus der Mühle
1 Bund Koriander (alternativ: glatte Petersilie)

Pro Person:
42 g Eiweiß
52 g Kohlenhydrate
24 g Fett
600 Kilokalorien

Harissa ist eine ursprünglich aus dem Maghreb stammende, scharfe Gewürzpaste, die u. a. Chilischoten, Kreuzkümmel, Koriandersamen und Knoblauch enthält. Falls Sie weder Harissa noch Peperoncini-Paste erhalten, können Sie alternativ auch getrocknete Chilischoten verwenden.

Westfälischer Linseneintopf

Für 4 Personen

Zutaten

300 g braune Tellerlinsen
2 Bund Suppengrün (Möhre, Sellerie, Porree, Petersilienwurzel)
2 mittelgroße Zwiebeln
3 EL Olivenöl
2 Lorbeerblätter
schwarzer Pfeffer aus der Mühle
1 l Fleischbrühe
4 mittelgroße Kartoffeln
4 Rauchenden à 120 g (geräucherte Kochwurst)
1 Bund Petersilie
evtl. Rotweinessig

Pro Person:
56 g Eiweiß
60 g Kohlenhydrate
53 g Fett
940 Kilokalorien

Zubereitung

Linsen über Nacht in etwa 3 l Wasser einweichen, abgießen.

Suppengrün putzen und würfeln. Zwiebeln und Kartoffeln schälen und in Würfel schneiden.

Olivenöl in einem Topf erhitzen, Gemüse (außer Kartoffeln) bei mittlerer Hitze anbraten (etwa 5–10 Min.). Mit Brühe aufgießen. Lorbeerblätter und Linsen hinzufügen, mit Pfeffer würzen und bei mittlerer Hitze köcheln lassen, bis die Linsen fast gar sind (etwa 20–30 Min.). Werden die Linsen nicht eingeweicht, verlängert sich die Garzeit um etwa 15 Min. Lorbeerblätter entfernen.

Kartoffeln und Rauchenden (ganz oder grob geschnitten) in den Eintopf geben. Weitere 10 Min. garen, bis die Wurst erwärmt ist und die Kartoffeln gar sind. Petersilie hacken und kurz vor dem Servieren über den Eintopf streuen. Je nach Geschmack mit Salz, Pfeffer und Essig würzen.

Der Eintopf wird noch kräftiger, wenn Sie 100 g geräucherten Bauchspeck würfeln, bei geringer Hitze auslassen und in diesem Fett das Gemüse anbraten. Die Speckwürfel bleiben in der Suppe und verleihen ihr ein kräftig rauchiges Aroma.

Diese Suppe ist ein traditionelles Gericht aus meiner westfälischen Heimat. Am Essig scheiden sich die Geister: Die einen sind der Ansicht, dadurch gewinne der Eintopf an Pfiff, andere finden, er werde dadurch verdorben. Lassen Sie Ihren Geschmack entscheiden!

Linsen mit Aprikosen und Walnuss

Für 4 Personen

Foto © Shutterstock/olepeshkina

Dieses Rezept stammt aus dem Kaukasus und verbindet das erdige Aroma der Linsen mit der fruchtigen Süße der Aprikosen.

Zutaten

50 g getrocknete Aprikosen
250 g Pardina-Linsen (oder eine andere kleine feste Linsensorte)
700 ml Gemüsebrühe
Salz
50 g Walnüsse
1 kleine Zwiebel
1 EL Butter
½ Bund glatte Petersilie

Zubereitung

Aprikosen über Nacht in Wasser einweichen, danach abtropfen und klein schneiden.

Linsen mit Gemüsebrühe aufkochen und bei geringer Hitze köcheln lassen, bis sie gar, aber noch bissfest sind (etwa 20–30 Min.). Falls notwendig, überschüssige Flüssigkeit abgießen, etwas salzen.

Walnüsse grob hacken. Zwiebel würfeln. Butter in einem Topf zerlassen, Zwiebelwürfel darin bei mittlerer Hitze goldgelb anbraten; Aprikosenstücke dazugeben und weich dünsten. Walnüsse und Linsen beifügen.

Petersilie hacken und kurz vor dem Servieren über das Gericht streuen.

Pro Person:
21 g Eiweiß
46 g Kohlenhydrate
22 g Fett
470 Kilokalorien

Rote Linsen mit Chili, Ingwer und Frühlingszwiebeln

Für 4 Personen

Zutaten

300 g rote Linsen
1 l Gemüsebrühe
1 Bund Frühlingszwiebeln
1 frische rote Chilischote
3 cm frischer Ingwer
2 EL Ghee
(alternativ: Butterschmalz)
1 TL gemahlener Kreuzkümmel (Cumin)
1 TL gemahlener Kurkuma
(Gelbwurz)
½ Bund Koriander
(alternativ: glatte Petersilie)
1 TL Garam Masala
Salz

Pro Person:
22 g Eiweiß
46 g Kohlenhydrate
17 g Fett
440 Kilokalorien

Zubereitung

Linsen mit der Gemüsebrühe aufkochen und bei geringer Hitze etwa 7–8 Min. garen. Gelegentlich umrühren, sie sollten ihre Form behalten und nicht zerfallen.

Frühlingszwiebeln putzen und längs halbieren. Chilischote entkernen und in winzige Würfel schneiden (Vorsicht: Einweghandschuhe verwenden!). Ingwer schälen und sehr fein schneiden, Koriander oder Petersilie hacken.

Ghee (oder Butterschmalz) zerlassen und Zwiebeln, Chili, Ingwer und Kreuzkümmel darin anbraten. Gekochte Linsen dazugeben. Kurkuma, gehackten Koriander bzw. Petersilie und Garam Masala unterrühren und mit Salz abschmecken.

Statt der bei uns üblichen Zwiebeln können Sie auch filigrane Frühlingszwiebeln aus Asialäden verwenden.

Foto © Shutterstock/JoannaTkaczuk

Zeytinyağli Havuç – Linsen mit Karotten

Für 4 Personen

Zutaten

Für den Eintopf
150 g braune Tellerlinsen
500 ml Gemüsebrühe
2 große Zwiebeln
3 Knoblauchzehen
6 mittelgroße Karotten
3–4 EL Olivenöl
1 TL Tomatenmark
1 TL Zucker
1 TL Koriandersamen
1 Bund Dill
1 Bund Minze
Salz, schwarzer Pfeffer aus der Mühle

Für den Sauerrahm
175 g Sauerrahm
100 g Magerquark
etwas Olivenöl
Salz, schwarzer Pfeffer aus der Mühle
1 unbehandelte Zitrone

Pro Person:
16 g Eiweiß
32 g Kohlenhydrate
21 g Fett
380 Kilokalorien

Zubereitung

Linsen über Nacht in etwa 1,5 l Wasser einweichen, Flüssigkeit abgießen. Am nächsten Tag mit Gemüsebrühe in einem Topf aufkochen und bei mittlerer Hitze etwa 20 Min. garen. Linsen abseihen.

Zwiebeln schälen und achteln. Knoblauchzehen und etwas Salz mit einer Gabel zerdrücken oder durch die Knoblauchpresse geben. Karotten putzen und in daumendicke Scheiben schneiden.

Olivenöl erhitzen, Zwiebeln bei mittlerer Hitze anbraten, bis sie goldgelb sind (etwa 5 Min.). Karotten, Knoblauch, Tomatenmark und Zucker dazugeben und kurz anrösten. Linsen dazugeben, mit 250 ml Wasser auffüllen, aufkochen. Koriandersamen in einen Teefilter füllen und in den Topf hängen. Bei geringer Hitze 20 Min. köcheln lassen, bis die Karotten gar, aber nicht zu weich sind. Teefilter mit Koriandersamen entfernen.

Dill und Minze hacken, zu den Linsen geben und mit Salz und Pfeffer abschmecken.

Sauerrahm, Quark und Olivenöl zu einer nicht zu flüssigen Crème verrühren, mit Salz und Pfeffer abschmecken.

Zitrone heiß abspülen und achteln. Linsen mit Sauerrahm und Zitronenachteln anrichten.

Dieses Gericht stammt aus der Türkei, wird aber auch in Syrien und im Libanon zubereitet. Es kann heiß oder kalt serviert werden. Für die Zubereitung eignen sich alte Karottensorten wie die Moormöhre oder die lila Urmöhre (auch „Purple Haze" oder „Lila Luder" genannt) mit ihrem besonders intensiven Geschmack.

Foto © André Chales de Beaulieu

Castelluccio-Linsen mit Backpflaumen und Kassler

Für 4 Personen

Zutaten

200 g Backpflaumen ohne Stein
3 große Zwiebeln
300 g festkochende Kartoffeln
400 g Castelluccio-Linsen
(oder eine andere kleine Linsensorte)
1,2 l Fleischbrühe
4 dünne Scheiben Nackenkassler (à 100 g)
1 Bund glatte Petersilie
Salz
schwarzer Pfeffer aus der Mühle
1 EL Rotweinessig

Pro Person:
63 g Eiweiß
96 g Kohlenhydrate
22 g Fett
850 Kilokalorien

Zubereitung

Backpflaumen halbieren und über Nacht, fingerbreit mit Wasser bedeckt, einweichen.

Zwiebeln und geschälte Kartoffeln in nicht zu kleine Würfel schneiden. Kartoffeln in Salzwasser gar kochen (etwa 10 Min.), Flüssigkeit abgießen und beiseitestellen.

Linsen mit Fleischbrühe, Zwiebelwürfeln und Backpflaumen (mit Einweichwasser) in einem Topf aufsetzen, zum Kochen bringen, die Hitze reduzieren und bei geringer Hitze 15 Min. garen.

Kasslerscheiben auf die Linsen legen und weitere 5–10 Min. köcheln lassen, bis die Linsen gar sind. Fleisch herausheben und in Streifen schneiden. Gekochte Kartoffeln zu den Linsen geben und erhitzen.

Petersilie hacken und unter die Linsen mischen. Mit Salz, Pfeffer und Rotweinessig abschmecken. Zusammen mit den Kasslerstreifen servieren.

Foto © André Chales de Beaulieu

Auberginen-Linsen-Curry

Für 4 Personen

Zutaten

250 g braune Tellerlinsen
800 ml Gemüsebrühe
1 Aubergine (etwa 250 g)
Salz
4 EL Olivenöl
1 kleine rote Zwiebel
2 Knoblauchzehen
3 cm frischer Ingwer
1 TL Tomatenmark
100 g Cherrytomaten
6–8 Curryblätter, gehackt
1 Bund Koriander
(alternativ: glatte Petersilie)
1 TL gemahlener Kreuzkümmel (Cumin)

Pro Person:
19 g Eiweiß
39 g Kohlenhydrate
15 g Fett
370 Kilokalorien

Zubereitung

Linsen über Nacht in 2 l Wasser einweichen, Flüssigkeit abgießen. Mit Gemüsebrühe aufsetzen, zum Kochen bringen, bei geringer Hitze köcheln lassen, bis die Linsen gar, aber noch bissfest sind (etwa 30–40 Min.). Ohne Einweichen verlängert sich die Kochzeit um etwa 15 Min.

Aubergine in Würfel schneiden, mit Salz bestreuen und 30 Min. stehen lassen. Abspülen und mit Küchenpapier trocken tupfen.

3 EL Olivenöl erhitzen, Auberginen dazugeben, Hitze reduzieren (Auberginen saugen das Fett zunächst auf). Bei mittlerer Hitze so lange braten, bis das Fett wieder austritt. Herausnehmen, auf Küchenpapier abtropfen lassen und zu den Linsen geben.

Zwiebel und Knoblauchzehen klein würfeln. Ingwer schälen und reiben. Restliches Olivenöl erhitzen, Zwiebeln, Knoblauch, Ingwer und Tomatenmark dazugeben, bei mittlerer Hitze braten, bis die Zwiebeln goldgelb sind.

Cherrytomaten halbieren und mit Zwiebeln, Linsen, Curryblättern und Kreuzkümmel vermengen. Koriander oder Petersilie fein hacken und das Curry damit bestreuen.

Curryblätter stammen vom Currybaum (*Bergera koenigii*, auch *Murraya koenigii*) und werden in den Küchen Indiens und Sri Lankas häufig verwendet. Sollten Sie keine frischen Blätter bekommen, können Sie auch getrocknete verwenden.

Foto © Shutterstock/Kiian Oksana

Foto © Shutterstock/MaraZe

Tellergerichte

Gedämpfter Lachs im Porreebett mit Puy-Linsen

Für 4 Personen

Zutaten

Für die Soße
100 g Crème fraîche
Saft einer halben Limette
1 TL frische Estragonblättchen, gehackt
Salz, weißer Pfeffer aus der Mühle

Für die Linsen
1 mittelgroße Karotte
1 kleine Schalotte
1 EL Erdnussöl
100 g Puy-Linsen
(oder eine andere kleine feste Linsensorte)
300 ml Gemüsebrühe
2 EL Sherryessig
3 EL Olivenöl
Salz
schwarzer Pfeffer aus der Mühle
1 TL grober scharfer Senf
1 TL frische Thymianblättchen

Für den Porree
400 g Porree
30 g Butter
Salz
1 Msp. geriebene Muskatnuss
400 g Lachsfilet
1 TL Erdnussöl
2 Limetten
Fleur de Sel oder grobes Meersalz
weißer Pfeffer aus der Mühle

Zubereitung

Für die Soße Crème fraîche, Limettensaft und Estragon verrühren, mit Salz und Pfeffer abschmecken und kühl stellen.

Für die Linsen Karotte und Schalotte klein würfeln. Erdnussöl in einem Topf erhitzen, das Gemüse bei mittlerer Hitze etwa 5 Min. anbraten. Linsen dazugeben, mit Gemüsebrühe auffüllen. Zum Kochen bringen und bei mittlerer Hitze köcheln lassen, bis die Linsen gar, aber noch bissfest sind (etwa 20–30 Min.). Falls notwendig, überschüssige Flüssigkeit abgießen und in eine hitzebeständige Schüssel füllen.

Sherryessig, Olivenöl, Senf und Thymianblätter mischen, salzen und pfeffern. Linsen damit übergießen und im Backofen bei 80 °C abgedeckt warm halten.

Weißen und hellgrünen Stangenteil vom Porree in Ringe schneiden und gut waschen. Butter in einem Topf erhitzen, Porree dazugeben, salzen und zugedeckt etwa 10 Min. bei kleiner Hitze garen. Mit etwas Muskatnuss abschmecken.

Lachsfilet abspülen und trocken tupfen. In zwei gleich große Stücke schneiden. Vereinzelte Gräten mit der Pinzette entfernen.

Limetten in Scheiben schneiden.

Einen großen Topf mit Salzwasser aufsetzen und einen mit Erdnussöl befetteten Dämpfkorb aus Bambus oder Metall darin einsetzen. Korb mit Limettenscheiben auslegen, den Fisch darauflegen und 3–6 Min. garen (je nach Dicke des Filets). Aus dem Korb heben und mit Fleur de Sel und Pfeffer würzen.

Porree auf Tellern verteilen, Lachs darauf drapieren und mit lauwarmen Linsen servieren.

Pro Person:
51 g Eiweiß
32 g Kohlenhydrate
59 g Fett
860 Kilokalorien

Eine schonendere Zubereitungsart für Fisch als Dämpfen gibt es nicht. Der Lachs kann, wie im Rezept beschrieben, mit einem Dämpfkorb aus Bambus (aus dem Asialaden), mit einem Dämpfeinsatz aus Edelstahl oder aber im Wok mit Dämpfeinsatz zubereitet werden. Vielleicht haben Sie sogar einen Dampfgarer. Alternativ: Den Fisch in etwas Butter in der Pfanne auf jeder Seite etwa 4 Min. braten.

Foto © André Chales de Beaulieu

Schlichte Linsen mit Jakobsmuscheln in Tomatenvinaigrette

Für 4 Personen

Zutaten

Für die Tomatenvinaigrette
6 Flaschen- oder Roma-Tomaten
1 kleine Schalotte
1 Knoblauchzehe
2 TL Olivenöl
½ TL Rosmarinnadeln, gehackt
½ TL Thymianblättchen
2 EL Zucker
50 ml Rotweinessig
Salz, weißer Pfeffer aus der Mühle
5 TL Olivenöl
1 TL Zitronensaft
1 TL frischer Basilikum, gehackt
1 TL glatte Petersilie, gehackt

Für die Linsen
200 g Puy-Linsen
600 ml Gemüsebrühe
3 EL Olivenöl
2 El Rotweinessig
Fleur de Sel (oder ein anderes Meersalz)
schwarzer Pfeffer aus der Mühle
8 frische Jakobsmuscheln
5 EL Olivenöl
Saft einer Limette

Pro Person:
22 g Eiweiß
36 g Kohlenhydrate
30 g Fett
500 Kilokalorien

Zubereitung

Für die Tomatenvinaigrette Tomaten kreuzweise einschneiden, mit kochendem Wasser überbrühen, schälen. Danach halbieren, Kerne und Stilansatz entfernen und klein schneiden.

Schalotte fein würfeln, Knoblauchzehe und etwas Salz mit einer Gabel zerdrücken oder durch die Knoblauchpresse geben. Olivenöl in der Pfanne erhitzen, Schalottenwürfel bei mittlerer Hitze goldgelb anbraten. Tomaten, Knoblauch, Rosmarin und Thymian dazugeben, 2 Min. dünsten, abkühlen lassen.

Zucker in der Pfanne bei mittlerer Hitze karamellisieren (hellbraune Farbe!). Mit Rotweinessig ablöschen und bei großer Hitze auf die Hälfte reduzieren, mit den Tomaten mischen und mit Salz und Pfeffer abschmecken. Olivenöl, Zitronensaft, Basilikum und Petersilie unterrühren und beiseitestellen (nicht in den Kühlschrank). Jakobsmuscheln waschen, trocken tupfen und von den Häuten befreien. 2 EL Olivenöl und Limettensaft verrühren, salzen und pfeffern und die Jakobsmuscheln darin etwa 15 Min. marinieren. Danach aus der Marinade heben und trocken tupfen.

Linsen mit Gemüsebrühe aufsetzen und bei geringer Hitze etwa 20–30 Min. köcheln lassen, bis die Linsen gar, aber noch bissfest sind. Falls notwendig, überschüssige Flüssigkeit abgießen.

Olivenöl mit Rotweinessig verrühren, mit Fleur de Sel und Pfeffer abschmecken und unter die Linsen mischen. Im 80 °C warmen Ofen in einer Schüssel abgedeckt warm halten.

Jakobsmuscheln in 3 EL Olivenöl bei mittlerer Hitze auf jeder Seite 3–4 Min. braten. Mit Tomatenvinaigrette beträufeln und gemeinsam mit den Linsen servieren.

Jakobsmuscheln schmecken frisch am besten. Deshalb sollten Sie dieses Gericht nur in den Monaten November bis März zubereiten, wenn die Meeresfrüchte vor den Küsten Frankreichs, Irlands und Schottlands gesammelt werden dürfen.

Foto © André Chales de Beaulieu

Castelluccio-Linsen mit pochiertem Ei

Für 4 Personen

Foto © Shutterstock/Oksana Mizina

Zutaten

3 kleine Karotten
1 kleine Zwiebel
1 Stange Porree
3 El Olivenöl
300 g Castelluccio-Linsen (oder eine andere kleine Linsensorte)
1 l Gemüsebrühe
1 EL grober scharfer Senf
Fleur de Sel (oder ein anderes Meersalz)
schwarzer Pfeffer aus der Mühle
2 EL Weißweinessig
4 Eier
1 Bund Schnittlauch

Pro Person:
21 g Eiweiß
33 g Kohlenhydrate
14 g Fett
340 Kilokalorien

Zubereitung

Karotten putzen und wie die Zwiebel fein würfeln. Weißen und hellgrünen Stangenteil vom Porree in Ringe schneiden und gut waschen. Olivenöl in einem Topf erhitzen, Gemüse bei mittlerer Hitze 5 Min. anbraten. Linsen dazugeben. Mit Gemüsebrühe auffüllen, zum Kochen bringen. Temperatur reduzieren und Linsen bei geringer Hitze köcheln lassen, bis sie gar, aber nicht zu weich sind. Falls notwendig, überschüssige Flüssigkeit abgießen. Senf einrühren und mit Salz und Pfeffer abschmecken.

Kurz vor Ende der Garzeit 2 l Wasser mit 2 EL Weißweinessig in einem großen Topf zum Kochen bringen. Hitze reduzieren – das Wasser darf nicht mehr sprudelnd kochen. Eier einzeln in einer Suppenkelle oder Tasse aufschlagen und vorsichtig in das Wasser gleiten lassen. Etwa 3–4 Min. gar ziehen lassen, die Eier sollten innen noch etwas weich sein. Mit einem Schaumlöffel herausheben und kurz in eine Schüssel mit kaltem Wasser tauchen.

Linsen auf die Teller verteilen, in die Mitte eine Kuhle machen, jeweils ein Ei hineinsetzen und salzen. Schnittlauch in Röllchen schneiden und über die Eier streuen.

Linsen-Kichererbsen-Auflauf mit Schafskäse

Für 4 Personen

Zubereitung

Linsen über Nacht in 1 l Wasser einweichen, Flüssigkeit abgießen.

Zwiebel schälen und grob würfeln, Knoblauchzehen klein würfeln. Olivenöl in einem Topf erhitzen, Zwiebelwürfel darin bei mittlerer Hitze anbraten, bis sie goldgelb sind (etwa 5 Min.). Knoblauch dazugeben und kurz mitbraten. Mit Gemüsebrühe aufgießen und aufkochen.

Linsen beigeben und 10 Min. bei geringer Hitze garen. Reis dazugeben, salzen, weitere 20 Min. köcheln lassen. Falls notwendig, überschüssige Flüssigkeit abgießen.

Den Backofen auf 180 °C vorheizen (Gas: Stufe 3, Umluft: 160 °C).

Kichererbsen mit klarem Wasser abspülen und mit Linsen und Reis mischen. Gehackte Petersilie und Dill einrühren. Schafskäse zerbröseln. Die Hälfte des Käses unter die Linsen-Reis-Mischung heben, mit Salz und gemahlenem Chili abschmecken. In eine Auflaufform füllen. Restlichen Feta auf der Masse verteilen. Bei 180 °C 15 Min. im Ofen auf der 2. Schiene von oben (Gas: Stufe 3, Umluft: 160 °C) überbacken und heiß servieren.

Zutaten

100 g braune Tellerlinsen
1 kleine Zwiebel
2 Knoblauchzehen
2 EL Olivenöl
1 l Gemüsebrühe
200 g Langkornreis
Salz
1 Dose Kichererbsen (400 g, Abtropfgewicht etwa 250 g)
1 Bund glatte Petersilie
1 Bund Dill
250 g Schafskäse (Feta)
Chili, gemahlen
(nach Geschmack)

Pro Person:
19 g Eiweiß
20 g Kohlenhydrate
19 g Fett
330 Kilokalorien

Foto © Shutterstock/Vorontsova Anastasiia

Sie können die Masse auch auf kleine Auflaufförmchen verteilen. Die Backzeit reduziert sich dann um etwa 3 Minuten.

Mujadara

Ägyptische Linsen mit karamellisierten Zwiebeln und pikanter Tomatensoße

Für 4 Personen

Zutaten

Für die Linsen
200 g braune Tellerlinsen
1 l Gemüsebrühe
1 TL gemahlener Zimt
1 TL gemahlener Piment
100 g Langkornreis
100 g kurze Nudeln (z. B. Makkaroni)
Salz
schwarzer Pfeffer aus der Mühle

Für die Tomatensoße
500 g Tomaten
1 Zwiebel
½ frische rote Chilischote (Schärfe nach Geschmack)
2 EL Olivenöl
1 Brühwürfel (für ¼ l Gemüsebrühe)
Salz
schwarzer Pfeffer aus der Mühle
1 Prise Zucker
250 g kleine Schalotten
3 EL Olivenöl
1 EL Zucker

Pro Person:
21 g Eiweiß
76 g Kohlenhydrate
20 g Fett
570 Kilokalorien

Zubereitung

Linsen über Nacht in 2 l Wasser einweichen, Flüssigkeit abgießen. Mit der Gemüsebrühe aufsetzen und aufkochen. Zimt und Piment dazugeben. Bei kleiner Hitze ca. 15 Min. köcheln lassen. Reis dazugeben und weitere 15 Min. köcheln lassen. Nudeln zu der Linsen-Reis-Mischung geben und weitere 8–10 Min. köcheln lassen. Falls zu viel Flüssigkeit verdampft, zwischendurch mit etwas Wasser oder Brühe aufgießen. Nach insgesamt 60 Min. sollten alle Zutaten gar sein. Mit Salz und frisch gemahlenem Pfeffer abschmecken.

Für die Tomatensoße Tomaten vierteln, Stilansatz entfernen und klein schneiden. Zwiebel schälen und klein würfeln. Die Chilischote halbieren, entkernen und sehr fein schneiden (Vorsicht: Einweghandschuhe verwenden!). Olivenöl erhitzen und Zwiebeln darin bei mittlerer Hitze hellbraun anbraten, Chili dazugeben, kurz anbraten, dann Tomaten beifügen. Evtl. etwas Wasser sowie den Brühwürfel dazugeben und sanft köcheln lassen. Mit Salz, Pfeffer und Zucker abschmecken. Falls die Soße zu flüssig ist, Hitze erhöhen und etwa 10 Min. einkochen.

Schalotten schälen, größere Exemplare halbieren. Öl erhitzen, Schalotten hineingeben und kurz anrösten. Zucker darüberstreuen und bei kleiner Hitze goldbraun karamellisieren lassen.

Die Linsen-Reis-Nudel-Mischung auf Tellern anrichten, Soße darüber geben und die Schalotten in einem separaten Schüsselchen servieren.

Das Gericht wird in Ägypten in zahlreichen Variationen zubereitet. Statt Tomatensoße können Sie auch 250 g Quark mit 150 g Vollmilchjoghurt, etwas Salz, Pfeffer und Olivenöl anrühren und zu dem Gericht servieren.

Foto © Shutterstock/ olganetfoto

Puy-Linsen mit Chorizo und Spiegelei

Für 4 Personen

Ein Bouquet garni ist ein Kräutersträußchen mit Petersilie, Thymian und Lorbeerblatt.

Zutaten

1 kleine Zwiebel
4 Knoblauchzehen
250 g Puy-Linsen
800 ml Gemüsebrühe
1 Bouquet garni
4 Stangen Porree
2 Chorizo (à 100 g)
1 EL Olivenöl
Salz, schwarzer Pfeffer aus der Mühle
4 Eier
1 EL Butter

Foto © André Chales de Beaulieu

Sie können das Gericht auch mit pochierten Eiern servieren (siehe dazu das Gericht „Castelluccio-Linsen mit pochiertem Ei", Seite 78).

Pro Person:
36 g Eiweiß
39 g Kohlenhydrate
33 g Fett
590 Kilokalorien

Zubereitung

Zwiebel und Knoblauch schälen und klein würfeln. Linsen mit der Zwiebel, einem Viertel des Knoblauchs, Bouquet garni und Gemüsebrühe aufsetzen, erhitzen und bei geringer Hitze etwa 20–30 Min. köcheln lassen, bis sie gar, aber nicht zu weich sind. Bouquet garni entfernen.

Weißen und hellgrünen Stangenteil vom Porree in Ringe schneiden, gründlich waschen, zu den Linsen geben und 2 Min. mitkochen. Durch ein Sieb abgießen.

Chorizo in Scheiben schneiden und mit dem restlichen Knoblauch in 1 EL Olivenöl bei mittlerer Hitze anbraten. Linsen und Porree dazugeben, bei geringer Hitze etwa 5 Min. garen. Mit Salz und Pfeffer abschmecken.

Butter in einer Pfanne zerlassen, Eier aufschlagen und Spiegeleier braten. Zusammen mit den Linsen servieren.

Spanische Chorizo ist eine mit Paprika gewürzte, pikant bis scharf schmeckende Salami aus Schweinefleisch. Durch ihren relativ hohen Eigenfettgehalt kann sie nahezu fettfrei gebraten werden.

Pasta mit Linsen-Paprika-Gemüse

Für 4 Personen

Zubereitung

Das Paprikagemüse am Vortag zubereiten: Paprikaschoten halbieren, Kerne und Zwischenwände entfernen, in daumenbreite Spalten schneiden und diese dritteln. Knoblauchzehen schälen und klein würfeln. Olivenöl erhitzen, Paprika und Knoblauch hineingeben und bei geringer Hitze 5 Min. garen. Mit Zitronensaft, Salz und Pfeffer würzen. Über Nacht bei Zimmertemperatur mit Olivenöl bedeckt marinieren.

Sellerie, geschälte Zwiebel und Karotten klein würfeln. Olivenöl erhitzen und darin das Gemüse bei geringer Hitze etwa 10 Min. anbraten. Tomatenmark kurz mitrösten. Linsen dazugeben, mit Gemüsebrühe auffüllen und bei geringer Hitze garen, bis die Linsen und das Gemüse noch bissfest sind (etwa 15 Min.).

Tagliatelle nach Packungsanleitung zubereiten.

Linsen mit Aceto balsamico abschmecken, Paprika aus der Marinade heben und dazugeben. Mit Salz und Pfeffer abschmecken. Pasta abgießen und zusammen mit dem Gemüse servieren.

Zutaten

1 rote und 1 gelbe Paprikaschote
3 Knoblauchzehen
100 ml Olivenöl
Saft von ½–1 Zitrone (nach Geschmack)
Salz, schwarzer Pfeffer aus der Mühle
1 Scheibe Sellerie
1 mittelgroße Zwiebel
2 mittelgroße Karotten
2 EL Olivenöl
2 EL Tomatenmark
300 g Pardina-Linsen (oder eine andere kleine feste Linsensorte)
600 ml Gemüsebrühe
2 EL Aceto balsamico
500 g Tagliatelle

Pro Person:
41 g Eiweiß
152 g Kohlenhydrate
39 g Fett
1130 Kilokalorien

Sie können auch gleich eine größere Portion Paprikagemüse zubereiten. Es eignet sich gut als Vorspeise und hält in Olivenöl gekühlt etwa 3 Tage.

Überbackene Süßkartoffeln mit Linsenfüllung

Für 4 Personen

Zutaten

4 Süßkartoffeln
100 g rote Linsen
250 ml Gemüsebrühe
1 kleine Zwiebel
1 Knoblauchzehe
3 Stangen Sellerie
1 EL Rapsöl
2 TL Sojasoße (gesalzen)
1 EL Tomatenmark
1 TL gemahlener Kreuzkümmel (Cumin)
100 g Gruyère oder ein anderer kräftiger Hartkäse

Pro Person:
18 g Eiweiß
61 g Kohlenhydrate
12 g Fett
430 Kilokalorien

Zubereitung

Süßkartoffeln mit der Gabel einstechen und bei 200 °C im Backofen (Gas: Stufe 4, Umluft: 180 °C; Backofen muss nicht vorgeheizt werden) je nach Größe etwa 60–75 Min. garen. Abkühlen, längs halbieren und die Hälfte der Kartoffeln auslöffeln.

Linsen mit Gemüsebrühe in einem Topf aufkochen und bei geringer Hitze köcheln lassen, bis sie gar sind und zerfallen (etwa 10–15 Min.). Gelegentlich umrühren. Falls die Flüssigkeit zu schnell verdampft, etwas Wasser oder Brühe nachgießen. Mit der Kartoffelmasse mischen.

Zwiebel, Knoblauch und Sellerie klein würfeln. Rapsöl erhitzen und Gemüse zusammen mit dem Tomatenmark und dem Kreuzkümmel darin bei geringer Hitze etwa 5 Min. rösten. Sojasoße einrühren und unter die Linsen-Kartoffel-Masse mengen.

Käse fein reiben. Etwa ¾ unter die Linsen-Kartoffel-Masse mischen. Masse in die Kartoffelhälften füllen, mit dem restlichen Käse bestreuen und im Backofen bei 220 °C etwa 10–15 Min. überbacken, bis sich eine goldgelbe Kruste gebildet hat.

Foto © Shutterstock/Magdanatka

Zitronenspinat mit Château-Linsen und gekochten Eiern

Für 4 Personen

Zutaten

150 g Château-Linsen
(oder eine andere kleine feste Linsensorte)
500 ml Gemüsebrühe
1 Lorbeerblatt
1 Gemüsezwiebel
6 Tomaten
250 g frischer Spinat
2 EL Olivenöl
3 TL mittelscharfer feiner Senf
3 TL Crème fraiche
Saft von 1–2 Zitronen
(nach Geschmack)
Salz, schwarzer Pfeffer aus der Mühle
4 Eier
Fleur de Sel

Pro Person:
18 g Eiweiß
27 g Kohlenhydrate
16 g Fett
330 Kilokalorien

Zubereitung

Linsen mit Gemüsebrühe und Lorbeerblatt in einem Topf aufkochen, bei geringer Hitze etwa 20–30 Min. köcheln lassen, bis sie gar, aber noch bissfest sind. Falls notwendig, überschüssige Flüssigkeit abgießen. Lorbeerblatt entfernen.

Zwiebel schälen und grob würfeln. Tomaten achteln. Spinat gründlich waschen, trocken schleudern und grob hacken.

2 EL Olivenöl in einem etwas größeren Topf erhitzen, Zwiebelwürfel darin bei mittlerer Hitze goldgelb anbraten, Tomaten dazugeben. Hitze etwas erhöhen und alles 3 Min. garen. Spinat in den Topf geben und warten, bis er zusammenfällt. Mit den gegarten Linsen mischen.

Senf, Crème fraîche und Zitronensaft verrühren, unter die Linsen-Spinat-Mischung rühren und mit frisch gemahlenem Pfeffer und Salz abschmecken.

Eier kochen, schälen und vierteln, mit Fleur de Sel bestreuen. Mit Spinat und Linsen servieren.

Sie können das Gericht auch mit Spiegeleiern oder pochierten Eiern servieren (siehe dazu das Gericht „Castelluccio- Linsen mit pochiertem Ei", Seite 78).

Foto © Shutterstock/freeskyline

Linsen-Couscous-Puffer mit Knoblauchjoghurt

Ergibt etwa 30 kleine Puffer

Zutaten

Für den Knoblauchjoghurt
1–2 Knoblauchzehen
1 Becher Vollmilchjoghurt (150 g)
50 g Magerquark oder Crème fraiche
Salz
weißer Pfeffer aus der Mühle
1 Msp. Chilipulver
1 TL Zitronensaft
1 EL Minze, gehackt

Für die Linsen-Couscous-Puffer
150 g rote Linsen
500 ml Gemüsebrühe
3 TL gemahlener Kreuzkümmel (Cumin)
2 TL gemahlener Koriander
3 TL frische Minze, gehackt
100 g Couscous
2 TL gesalzene Erdnüsse, grob gehackt
Salz
schwarzer Pfeffer aus der Mühle
1 kleine Zwiebel
2 Knoblauchzehen
1 EL Olivenöl
2 Eier
evtl. etwas Weizenmehl
5 EL Erdnussöl

Pro Person:
20 g Eiweiß
42 g Kohlenhydrate
23 g Fett
450 Kilokalorien

Zubereitung

Knoblauchzehen mit etwas Salz und einer Gabel zerdrücken oder durch die Knoblauchpresse geben. Joghurt mit Quark oder Crème fraîche verrühren, Knoblauch unterrühren, mit Salz, Pfeffer, Chili und Zitronensaft abschmecken, Minze einrühren. Etwa 1 Stunde im Kühlschrank durchziehen lassen.

Linsen mit Gemüsebrühe in einem Topf aufsetzen, zum Kochen bringen und bei geringer Hitze etwa 10–15 Min. garen, bis sie zerfallen. Topf vom Herd nehmen, Gewürze (Kreuzkümmel, Koriander, Minze) sowie Couscous dazugeben, verrühren und etwa 15 Min. quellen lassen. Die Flüssigkeit sollte gänzlich aufgenommen sein. Erdnüsse hacken und unterrühren.

Zwiebel klein würfeln und in Olivenöl bei mittlerer Hitze goldgelb anbraten. Knoblauchzehen zerdrücken und 1 Min. bei geringer Hitze mitbraten. Mit Linsen-Couscous-Mischung vermengen und Salz und Pfeffer abschmecken. Eier einarbeiten und etwa 5 Min. ruhen lassen. Falls die Masse zu weich ist, noch etwas Mehl zufügen.

Erdnussöl in einer Pfanne erhitzen, der Boden sollte bedeckt sein, kleine Teighäufchen hineinsetzen (Durchmesser 6–7 cm) und bei mittlerer Hitze von beiden Seiten je etwa 5 Min. kross backen. Auf Küchenpapier legen, Fett abtropfen lassen. Wenn sie heiß serviert werden sollen, die fertigen Puffer im Backofen bei 80 °C warm halten.

Mit Knoblauchjoghurt servieren. Dazu passt grüner Salat.

Die Puffer schmecken auch kalt ausgezeichnet und eignen sich – zum Beispiel mit Lachs belegt – sehr gut für ein Partybüfett.

Foto © André Chales de Beaulieu

Hähnchenbrustfilet mit Portweinsoße und Püree aus gelben Linsen

Für 4 Personen

Zutaten

Für die Portweinsoße
1 kleine Schalotte
350 ml kräftiger Rotwein
1 Lorbeerblatt
5 Wacholderbeeren
1 Nelke (ganz)
2 TL brauner Zucker
4 EL Aceto balsamico
200 ml Portwein
1 TL schwarzes Johannisbeergelee
Salz, schwarzer Pfeffer aus der Mühle
20 g eiskalte Butter

Für das Linsenpüree
1 kleine Zwiebel
2 EL Olivenöl
250 g gelbe Linsen
evtl. etwas Sahne
Salz
15 g Butter
2 Hähnchenbrustfilets ohne Haut (Doppelfilets à 250–300 g)
Salz
Cayennepfeffer
3 EL Weizenmehl
2 El Butterschmalz

Pro Person:
49 g Eiweiß
47 g Kohlenhydrate
26 g Fett
720 Kilokalorien

Zubereitung

Für die Soße Schalotte sehr fein würfeln. Rotwein mit Lorbeerblatt, Wacholderbeeren und Nelke in einem Topf bei starker Hitze auf 125 ml reduzieren. Durch ein Haarsieb gießen.

Zucker in einem Topf bei mittlerer Hitze karamellisieren. Mit Aceto balsamico ablöschen. Schalottenwürfel hinzufügen. Mit Portwein aufgießen und alles bei geringer Hitze auf die Hälfte einkochen. Durch ein Haarsieb gießen, mit der Rotweinreduktion mischen. Beiseitestellen.

Für das Linsenpüree Zwiebel schälen und grob würfeln. Olivenöl in einem Topf erhitzen, Zwiebelwürfel darin bei mittlerer Hitze goldgelb anbraten. Linsen dazugeben. Mit 750 ml Wasser auffüllen, zum Kochen bringen, bei geringer Hitze etwa 10 Min. garen, bis die Linsen zerfallen. Gelegentlich umrühren.

Backofen auf 70 °C vorheizen. Linsen pürieren. Falls das Püree zu fest gerät, etwas Sahne unterrühren. Mit Salz abschmecken, 15 g Butter unterrühren und im Backofen warm halten.

Hähnchenbrustfilets halbieren, waschen und trocken tupfen. Mit Salz und Cayennepfeffer bestreuen und in Mehl wenden. Butterschmalz in der Pfanne zerlassen, Hitze reduzieren. Die Filets von jeder Seite etwa 7 Min. braten.

Kurz vor dem Servieren die Soße erhitzen, Johannisbeergelee einrühren, mit Salz und Pfeffer abschmecken. Abschließend die eiskalte Butter einrühren. Hähnchenbrustfilets mit dem Linsenpüree und der Portweinsoße servieren.

Die kräftige Soße passt auch hervorragend zu dunklem Fleisch wie Hirsch- oder Rehsteaks.

Foto © André Chales de Beaulieu

Wildschweingulasch mit Rotweinlinsen und Rosenkohl

Für 8 Personen

Zutaten

Für das Wildschweingulasch
1,5 kg Wildschweingulasch aus der Keule
30 ml Weinbrand
5 EL Traubenkern- oder Erdnussöl
500 g Schalotten
500 g Pfifferlinge (ersatzweise braune Champignons)
400 ml kräftiger Rotwein
200 ml Wildfond
2 Knoblauchzehen
1 Lorbeerblatt
20 g Bitterschokolade (mind. 70 % Kakaoanteil)
Salz, schwarzer Pfeffer aus der Mühle

Für die Rotweinlinsen
¼ Sellerie
3 kleine Karotten
1 Stange Porree
2 Knoblauchzehen
20 g Butter
50 g durchwachsener Speck (Bauchspeck)
500 g Puy-Linsen (oder eine andere kleine feste Linsensorte)
1 Lorbeerblatt
800 ml Wildfond
2 TL grober scharfer Senf
100 ml kräftiger Rotwein
Salz, schwarzer Pfeffer aus der Mühle
1 Bund glatte Petersilie

Für den Rosenkohl
1 kg Rosenkohl
30 g Butter
etwas frisch geriebene Muskatnuss

Zubereitung

Für das Gulasch Fleisch mit Weinbrand beträufeln und darin ein paar Stunden, am besten über Nacht, marinieren. Trocken tupfen, in einem großen Topf Traubenkern- oder Erdnussöl erhitzen und Fleischwürfel portionsweise anbraten.

Schalotten schälen und grob würfeln. Pfifferlinge säubern (möglichst nicht abbrausen, damit das Aroma bewahrt wird). Beides im Bratfett der Fleischstücke bei mittlerer Hitze anbraten. Danach Fleischwürfel samt Bratensaft wieder in den Topf zurückgeben. Mit Rotwein und Wildfond ablöschen. Knoblauch und etwas Salz mit einer Gabel zerdrücken oder durch die Knoblauchpresse drücken und mit dem Lorbeerblatt dazugeben. Salzen und pfeffern und bei geringer Hitze etwa 90 Min. schmoren, bis das Fleisch mürbe ist. Lorbeerblatt entfernen. Topf vom Herd nehmen und Schokolade darin schmelzen lassen.

Für die Linsen Sellerie und Karotten klein würfeln. Porree längs halbieren, in Halbringe schneiden, gut abspülen und abtropfen lassen. Knoblauchzehen und etwas Salz mit einer Gabel zerdrücken oder durch die Knoblauchpresse drücken. Speck klein würfeln und in einem Topf, in Butter, langsam auslassen. Gemüse bei mittlerer Hitze etwa 5–10 Min. im Speckfett anbraten. Linsen und Lorbeerblatt dazugeben, mit Wildfond auffüllen. Aufkochen und dann bei geringer Hitze 15–20 Min. garen. Lorbeerblatt entfernen, Senf unterrühren, mit Rotwein angießen und weitere 10–15 Min. garen. Petersilie hacken und kurz vor dem Servieren über die Linsen streuen.

Vom Rosenkohl die Strünke abschneiden, äußere Blätter entfernen und längs halbieren. In Salzwasser etwa 10 Min. bissfest dünsten. Flüssigkeit abgießen, Rosenkohl mit etwas Muskatnuss bestäuben und in 30 g zerlassener Butter schwenken. Alles gemeinsam servieren.

Pro Person:
52 g Eiweiß
36 g Kohlenhydrate
20 g Fett
580 Kilokalorien

Das winterliche Festessen erhält erst durch die Schokolade in der Soße seinen besonderen Pfiff.

Foto © André Chales de Beaulieu

Kulinarisches Wörterbuch: Übersetzungshilfe und Abkürzungen

Deutschland	Österreich	Schweiz
Aprikose	Marille	Aprikose
Aubergine	Melanzani	Aubergine
Brühe	Klare Suppe	Bouillon
Erdnuss	Erdnuss	Spanisches Nüsschen
Lauchzwiebel	Jungzwiebel	Frühlingszwiebel
Hähnchenbrust	Hühnerbrust	Pouletbrust
Hackfleisch	Faschiertes	Gehacktes
Kartoffel	Erdapfel	Erdapfel
Kassler	Geselchtes, Selchripperl	Schüfeli, Rippli
Meerrettich	Kren	Meerrettich
Möhre	Karotte	Rüebli
Paprikaschote	Paprika	Peperone
Petersilie	Petersilie	Peterli
Pflaume	Zwetschke	Zwetschge
Porree	Lauch	Lauch
Quark	Topfen	Quark
Rosenkohl	Kohlsprossen	Rosenkohl
Rosine	Rosine	Weinbeere
Rotkohl	Rotkraut	Rotkabis
Saure Sahne	Sauerrahm	Saure Sahne
Schlagsahne	Schlagobers	Rahm
Stangensellerie	Stangensellerie	Stauden-, Bleichsellerie
Tomate	Paradeiser	Tomate
Walnuss	Walnuss	Baumnuss
Weißkohl	Weißkraut	Kabis

EL = Esslöffel
g = Gramm
l = Liter
ml = Milliliter
Msp. = Messerspitze
TL = Teelöffel